죽음의 춤

에이즈, 아프리카의 성생활과 문화가 남긴 것

죽음의 춤

우어줄라 마이스너 · 하인츠 메틀리츠키 지음

유영미 옮김

대원사

추천사

　여러분은 우리나라에 에이즈 환자가 얼마나 있을 거라고 생각하십니까? 보건복지부 산하 질병관리본부에 따르면 2004년 9월 현재 누적 감염자 수는 2,994명이며 하루 1.7명꼴로 에이즈 환자가 발생하고 있다고 합니다. 그러나 이것은 공식적인 통계일 뿐이며 실제 이보다 훨씬 많은 수의 사람이 감염되었을 거라는 추측이 제기되고 있습니다. 사회적 편견과 인식 부족으로 에이즈 감염자들은 매우 고통을 겪고 있으며 심지어 자살에 이르기도 합니다. 이와 같이 안타까운 현실에서 이 책을 접한 것을 한마디로 마치 어두운 동굴에서 한줄기 빛을 발견한 탐험가의 기쁨에 비긴다면 비약일까요?

　HIV/AIDS는 월드비전 뿐 아니라 모든 국제 구호 개발 NGO 단체들이 고심하고 있는 21세기의 가장 심각한 관심사 중 하나입니다. 사하라이남 아프리카의 3명 중 1명은 HIV에 감염되어 있고 동유럽 및 중앙아시아는 현재 세계에서 가장 빠른 HIV 감염 성장률을 보이고 있습니다. 남아시아의 HIV 감염은 전세계 감염의 15퍼센트를 차지하고 있는 실정이며 가까운 이웃 나라 중국도 이미 그 수가 100만을 넘어 가고 있습니다.

이러한 숫자는 현실을 충분히 이야기해 주지 못합니다. 아프리카와 아시아 저개발국가에서 50여 년간 가난한 이들을 위해 일해 온 월드비전은 이 HIV/AIDS 문제가 얼마나 많은 그리고 심각한 문제를 야기시키고 있는지 현장에서 목격하고 있습니다. 우리가 애써 외면하고 있던 지난 10여 년 사이에 에이즈는 수많은 고아들을 발생시켰고 아프리카의 노동력을 떨어뜨렸으며 나아가서는 국가 경제력을 파괴했을 뿐 아니라 저개발국가에서의 NGO 개발 사업을 방해하는 가장 심각한 요소가 되어 버렸습니다.

유엔 기구 및 여러 NGO에서는 HIV/AIDS 문제를 해결하기 위해 많은 활동을 하고 있습니다. 월드비전도 2000년부터 '에이즈 희망 사업 (HIV/AIDS HOPE Initiative)'라는 이름으로 에이즈 예방과 퇴치, 감염자와 그 가족을 위한 지원을 해 오고 있으며 에이즈에 대한 사람들의 인식 변화를 위한 사업을 펼치고 있습니다. 2003년 한 해 동안 월드비전이 이 사업을 위해 사용한 예산만 약 5,000만 달러에 이릅니다. 그러나 안타깝게도 HIV/AIDS의 확산 속도는 우리들의 노력보다 훨씬 빠른 실정입니다.

이 책은 케냐, 탄자니아, 르완다, 우간다 등 8개 국을 중심으로 아프리카 에이즈 현황을 현장의 목소리로 담아내고 있습니다. 에이즈 확산의 원인을 다양한 경로로 설명하며 정부, 제약 회사의 입장을 객관적인 시각으로 담아내고 있습니다. 예방과 치료를 위한 NGO들의 노력도 좋은 사례로 곁들여 들려줍니다. 특히 우간다 무세베니 대통령 정부의 에이즈 예방을 위한 용기 있는 노력으로 에이즈 감염률이 낮아진 사례는 감동적이기까지 합니다.

이 책은 두 가지 측면에서 우리에게 매우 중요한 길잡이 역할을 하고 있습니다. 하나는 타산지석의 교훈입니다. 태풍의 눈과 같은 아프리카 에이즈 문제의 과거와 현재를 바르게 이해함으로써 우리에게 점점 가까이 다가오는 에이즈의 검은 그림자, 그 정체를 바르게 파악하고 대안을 세우는 데 통찰력을 갖게 할 것입니다. 또 하나는 OECD에 가입한 후 점차 국제 사회에서 역할이 기대되고 있는 우리에게 국제 시민으로서 국제적 에이즈 문제 해결을 위해 함께 고민하며 적극적인 참여의 길을 모색하게 만든다는 측면입니다.

지구촌 이슈에 관심이 있는 모든 사람들에게 일독을 권하며 에이즈의 예방과 퇴치 사업에 참여하는 계기가 되길 바랍니다.

월드비전 한국 회장 박종삼

차례

추천사 ·· 5

서문 ·· 11

프롤로그 ·· 17

나는 네 아내를 취하고, 너는 내 아내를 취하고 ·· 21

하루 세 번 취미로 하는 섹스 ·· 39

미국인인가 원숭이인가 ·· 53

약, 그리고 약값 ·· 71

백신에 대한 꿈 ·· 89

거리거리에 양질의 콘돔을 ·· 99

국가가 감당하지 못할 때 ·· 117

터놓고 대화하기 ·· 129

에이즈 없는 세상을 꿈꾸며 ·· 149

에이즈 리본 ·· 175

서문

아프리카가 피를 흘린다. 매년 베를린 인구만큼의 아프리카인들이 에이즈로 죽어가고 있다. 세상으로부터 철저히 외면당한 채, 그 누구의 주목도 받지 못한 채, 눈앞에 보이는 적도 없이. 아프리카의 드라마는 은밀하고 조용히 진행되고 있다. 창문 하나 없는 어두운 초가 움막 속에서, 원시적인 묘지에서, 빌려 온 관 속에서, 홀로 쓸쓸하고 고된 삶을 이어가야 하는 남겨진 고아들의 가슴에서……. 부모의 죽음은 아이들이 겪어야 할 비극의 서막일 따름이다.

HIV(Human Immunodeficiency Virus, 인간 면역 결핍 바이러스) /AIDS(Acquired Immune Deficiency Syndrome, 후천성 면역 결핍증)는 14세기의 페스트보다 더한, 유사 이래 가장 가공할 전염병임에 분명하다. '신의 채찍'이라 불리며 유럽 인구의 약 1/4에 해당하는 2,500만 명의 목숨을 앗아 갔던 페스트는 급속히 확산되어 자고 일어나면 수많은 사람들이 죽어 나갔으나 신속하고도 완벽하게 사라져 갔었다. 그러나 에이즈는

오두막 앞, 부모의 무덤이 보인다. 아이들은 어떻게 살아야 할지 막막하기만 하다.

다르다. 살금살금 들어와 그 어떤 충격이나 쇼크를 야기하지 않고 서서히 퍼져 나가고 있으며 사인으로 파악조차 되지 않고 있다. 에이즈로 죽은 아프리카인들의 사망진단서에 사인으로 에이즈라고 기입되는 경우는 아주 드물다. 에이즈는 몇 십 년간 혹은 그 이상 사람들을 괴롭히는 은밀하고 만성적인 고통이 될 것으로 보인다. 사람들을 본격적으로 공격하고 죽음으로 내몰기 위하여 오랫동안 기다리며 은근한 확산을 도모하고 있는 것이다.

현재 전세계적으로 4,200만 명이 HIV에 감염된 상태다. 그 수는 매일 1만 4,000명씩 늘어난다. 전염률은 계속 상승하고 있다. 1,300만에 이르는 에이즈 고아가 생겨났고 그 중 92퍼센트는 아프리카 아이들이다. 어마어마한 숫자임에도 불구하고 우리 대부분은 태연하다. 국제 구호 기구조차 너무나 오랫동안 어떤 조치도 취하지 않은 채 지켜보기만 했다. 자신의 직원들이 죽어 나가기 전까지. 오랫동안 금기시되고, 침묵에 붙여지고, 무시해 온 일이 이제는 더 이상 부인할 수 없고 더 이상 못 본 척할 수 없는 일이 되었다. 과연 에이즈에 제동을 걸 수 있을 것인가?

특히 다른 곳도 아니고 왜 아프리카에서 에이즈가 고삐 풀린 망아지처럼 아무런 방해도 받지 않고 날뛰는지, 그래서 남부 아프리카의 인구세 명 중 한 명이 에이즈에 감염되고 말았는지를 알려면 아프리카에 만연한 성생활과 문화에 주의를 기울일 필요가 있다. 그런데 이것은 자칫아프리카인들을 비하할 소지가 있는 자못 까다로운 일이 아닐 수 없다.

유명한 사진 기자 우어줄라 마이스너와 논란의 소지가 있는 강한 주제들을 마다하지 않아 온 체데에프(ZDF: Zweites Deutsches Fernsehen, 독일 공영 방송) 특파원 하인츠 메틀리츠키는 이 책에서 까다롭고 은밀하고 복잡한 상황들을 이해하기 쉽고 감동적인 언어로 묘사한다. 현재 에이즈와 관련한 학술 논문들은 홍수를 이룬다. 그러나 지금까지 왜 아프리카에서 에이즈가 급속도로 퍼지는지 그 문화적 배경을 문외한이 이해하기 쉽게 서술한 책은 없었다. 마이스너와 메틀리츠키의 이 책이 나오기 전까지는.

지금까지 개발도상국과 저개발국가의 에이즈에 대해 무관심했음을 절감한 구호 단체들은 이제 '에이즈 행동 연대'를 조직하고 있다. 이 행동 연대의 과제는 점점 엄습해 들어오는 에이즈의 참상에 대해 알리고 세계적인 대에이즈 투쟁을 위한 수단과 자원을 마련하도록 하는 것이다. 이 책이 이런 노력의 주춧돌을 놓기를 바란다.

쿠르트 방게르트(월드비전 독일 홍보 및 옹호사업 책임자)

프롤로그

우리가 이 책을 계획하고 아프리카로 출발하려 할 즈음 친구들이 "거기 가서 무엇을 해야 하는지 알고나 있느냐?"고 우리에게 물었다.

우리는 알고 있다고 생각했다. 경력 많은 정치 기자와 이름 있는 사진 기자로서 우리는 아프리카의 에이즈를 피부로 느껴 보고자 했다. 아프리카에서 에이즈가 왜 그리 놀라운 속도로 퍼져 가는지, 거기에 어떤 정치·경제적 연관들이 있는지, 에이즈에는 왜 백신이 없는지, 약은 왜 그리 비싼지를 알아보고자 했다.

평소 전쟁과 위기 지역에서 활동해 온 사진 기자 우어줄라 마이스너는 잠비아를 여행하고 돌아온 후 에이즈 환자들의 모습을 더 이상 뇌리 속에서 지울 수 없었다. 약 숟가락을 혼자서 입으로 옮길 수도 없을 정도로 쇠약해진 여자들, 뼈와 가죽만 남은 아이들, 아무런 의료 혜택도 받지 못하는 환자들……. 아프리카 전체가 이런 것일까? 이들의 죽음을 카메라로 다 기록할 수 있을까?

맡은 바 임무를 어떻게 하면 가장 잘할 수 있을까 고민을 거듭하던 우리는 수년 전부터 아프리카에서 구호 활동을 하며 아프리카의 사정을 꿰뚫고 있는 민간 구호 단체에 도움을 요청하기로 했다. 그리하여 월드비전(World Vision)에 연락했고 월드비전은 우리가 중앙 아프리카의 여러 나라들을 취재할 수 있도록 손을 써 주었다. 현지 월드비전 사무실을 통해 우리는 아프리카 각국 정부와 신속한 접촉을 할 수 있었다. 월드비전을 통하지 않았더라면 길고 지루한 노력이 필요했을 것이다. 구호 단체에 근무하는 현지인들은 우리를 정글의 에이즈 환자들에게 안내해 주었고 환자들은 낯선 이방인인 우리와 솔직하게 대화할 준비가 되어 있었다.

무엇보다 월드비전에 감사한 것은 이런 도움에도 불구하고 우리의 취재에 전혀 간섭하지 않고 독립성을 존중해 준 것이다.

우리는 일 년에 걸쳐 여덟 나라를 돌아보았다. 남아프리카 공화국, 말라위, 잠비아, 케냐, 우간다, 르완다, 부룬디, 탄자니아. 대도시에 할애할 시간은 별로 없었다. 아프리카는 시골에 살아 있으니까 말이다. 마을을 방문하려면 오프로드 자동차를 타고 그곳의 지리를 상세히 알고 있는 사람만이 안내할 수 있는 들길을 오랜 시간 달려야 했다. 진흙과 바나나 나무숲의 미끌미끌한 잎들, 깊은 도랑과 돌들, 돌들, 돌들이 우리의 진로를 방해했다.

모든 것이 애초에 생각했던 것과는 달랐다. 우리는 몰랐던 참상보다는 아프리카에서 섹스와 에이즈가 얼마나 깊은 연관 관계를 맺고 있는가를 발견했다. 아프리카의 에이즈는 성생활의 혁명을 통해서만 저지될 수 있는 성질의 것이었다. 아프리카에서는 여전히 파트너 교환, 매춘 등의 자유분방한 성생활이 횡행했으며 유엔이 명명한 소위 'unprotected sex',

"에이즈가 의사, 교사, 엔지니어 등 중요한 사람들을 죽이고 있다!"라고 쓴 플래카드가 글을 읽을 수 있는 사람들에게 치명적인 에이즈에 대해 경고하고 있다.

즉 '콘돔을 사용하지 않는 섹스'가 일반적으로 행해지고 있었다. 돈을 주고 계속 새로운 여자들과 성관계를 맺는다고 자랑하는 화물차 운전사들도 많았다. 그들은 아프리카를 가로질러 바이러스를 옮기고 다니는 사람들이었다. 내전에 참가한 군인들도 마찬가지다.

화물차 운전사들은 기꺼이 우리의 카메라 앞에서 포즈를 취해 주었다. 매춘부들도 그랬다. 그러나 이 책에 직접적인 성행위를 담은 사진은 없다. 이 책의 사진에서는 에이즈에 걸린 사람들의 삶을 보여 줄 것이다. 물론 독자들의 이해를 돕기 위해 성에 관련한 풍습들도 자세히 설명해 놓았다.

어떤 사람들은 이 책에 에이즈와 관련하여 아프리카 여러 나라의 무분별한 무기 구매에 대한 비판과 수많은 내전으로 인한 비용 부담에 대한 이야기가 등장할 것이라고 생각할지도 모른다. 이런 비용들이 국민 건강을 위해 활용된다면 여건이 훨씬 개선될 것이다. 그러나 그것은 자체의 연구를 요구하는 주제이다. 가령 에이즈가 창궐하는 남아프리카 공화국이 연안의 불법 어업을 막기 위해 꼭 초현대식 잠수정을 사들여야 하느냐의 문제는 흥미로운 주제가 될 것이다. 그러나 이 책에서는 그런 문제를 다루지 않았다.

이 책에는 에이즈에 얽힌 많은 이야기들이 등장한다. 사진은 아프리카의 에이즈를 좀 더 실감나게 해 줄 것이다. 아프리카에서는 작은 지역에서 관찰한 것들을 통해 일반적인 사실을 추론하는 일이 쉽지 않다. 그런 의미에서 국제연합에이즈퇴치계획인 유엔에이즈(UNAIDS)의 「2002 세계의 에이즈 전염병 보고」는 매우 유용하였다. 또한 에이즈와 관련한 문제를 부끄러워하지 않고 허심탄회한 태도로 파악된 숫자와 사례를 공개한 우간다 정부의 「오픈 시크리트(Open Secret)」도 무척이나 도움이 되었다.

나는 네 아내를 취하고, 너는 내 아내를 취하고

사자들은 불안해진다. 바위 사이에서 서투른 몸짓으로 체조를 하고 있는 귀여운 꼬마 사자들이 아니라 햇살 드는 잠자리에서 언짢게 일어나 으르렁거리며 기지개를 펴는 어미 사자들 말이다. 특히 화려한 갈기를 가진 몸집 크고 늙은 사자는 입을 크게 벌리고 이빨을 드러내며 낯선 동물의 냄새를 맡은 듯 왔다 갔다 한다. 가족들을 튼튼한 발톱으로 방어하려는 듯. 그러나 그럴 필요는 없다.

"열기구는 더 이상 내려가지 않습니다. 사진 찍으시려면 지금 찍으십시오."라고 가이드가 손님들에게 말한다. "너무 밑으로 내려가면 동물들이 알아채고는 모두 도망가 버립니다. 그렇지 않아도 이 장소에서 오래 머무는 동물은 없습니다. 방해꾼이 나타나면 영락없이 도망가 버리니까요."

사자뿐 아니라 기린, 코끼리, 치타 가족들도 보인다. 의상 디자이너가 솜씨를 부려 놓은 것 같은 우아한 고양이과의 동물!

열기구를 타고 세렝게티 야생 동물 보호 구역을 관람하는 것은 특별한 사람에게 주어지는 영예가 아니다. 돈만 있으면 누구나 즐길 수 있는 사파리 투어다. 예전에 이곳 원주민들은 며칠 걸리는 대상(隊商)의 여행을 사파리라 불렀었다.

몇 년 전까지만 해도 이곳에서 약간의 팁을 주면 오프로드 자동차를 타고 동물들의 잠자리와 목초지를 가로지르며 생생한 사진들을 찍는 일이 가능했다. 그러나 현재 탄자니아 정부는 그것을 엄격히 금하고 있다. 그러나 거대한 괴물처럼 지상 30미터 상공에서 멋모르는 동물들을 구경하는 열기구에 대해서는 아무도 이의를 제기할 수 없을 것이다.

그렇다. 문제는 돈이다. 돈이 되는 손님은 언제나 환영을 받는다. 개인 전용 비행기를 타고 다니는 부유한 손님들을 위해 세렝게티에는 두 번째의 민간 비행장이 건설되고 있다. 승객들이 내리면 공항 직원들이 달려와 시원한 샴페인을 건넨다. 그리고 영국제 식탁보에 영국제 도자기와 영국제 식기를 이용한 영국식 아침을 제공한다.

회색 기념비 위에는 오래전에 풀이 무성하게 자랐다. 독일의 자연보호가 미하엘 그르치메크(Michael Grzimek)가 이곳에서 비행기 추락 사고로 죽었다. 이젠 그의 아버지 베른하르트 그르치메크(Bernhard Grzimek)를 기억하는 이도 없다. 이들 독일인 부자(父子)가 세렝게티와 그곳에 사는 동물들을 전세계에 알리며 "세렝게티는 죽이지 말아야 한다."고 부르짖은 지 벌써 반세기가 지났다. 사자를 비롯한 수십만의 동물들을 위한 야생 동물 보호 구역이 탄생할 수 있었던 것은 무엇보다 그르치메크 부자 덕분이다. 유럽과 아프리카와 일본과 호주에서 온 수만 명의 여행객들이 낯선 세계로 놀라운 비행을 할 수 있는 것도 말이다.

때로 사파리 여행사의 오프로드 자동차들이 무리를 지어 좁은 길을

세렝게티 국립공원 안의 불새들. 그들은 풀에 불이 붙는 바람에 뜨거움을 이기지 못하고 기어 나오는 곤충과 애벌레를 사냥한다.

달리기도 한다. 첫날부터 커다란 야생 동물을 만나는 행운을 안게 되는 일은 드물다. 하지만 세렝게티는 실망시키지 않는다. 가령 불을 통과해 날아가는 새들의 모습은 정말 진귀한 광경이다. 이 장관은 보호 구역 안에서 초원의 건조한 풀들이 탈 때에만 볼 수 있는 것으로 황새처럼 생긴 커다란 새가 독수리와 비슷한 모이주머니를 흔들며 나타나 불 속으로 뛰어든다. 마치 불과 연기가 새들을 유혹하는 것처럼.

새들은 불꽃이 아직 남아 있는 곳으로 날개를 퍼덕이며 다가가는데 멀리에서 보면 마치 불꽃 속을 통과해서 날아가는 것처럼 보인다. 뜨거움을 견디지 못하고 밖으로 기어 나온 주변의 벌레들을 찾는 것이다. 새들에게 이 벌레는 별식이 아닐 수 없다. 사실 이런 열기를 무릅쓰고 벌레를 찾는 것이 새들에게도 무척 위험한 일이기 때문이다. 여행객들은 자동차 안에 머물며 사진을 찍을 수 있다. 불새들이 10미터도 떨어지지 않은 곳에 있기 때문에 창문을 내리기만 하면 된다.

저녁에는 정글 호텔에 앉아 각자의 경험담을 나눈다. "모든 것이 꿈인 것 같아."라는 말에 주위에 둘러앉은 사람 모두가 아직 감동이 남아 있는 얼굴로 고개를 끄덕인다. 그들이 묵는 호텔은 세렝게티 중앙의 거대한 화강암을 축으로 나무와 유리를 빙 둘러 실로 기발하게 지었다. 그래서 아프리카의 열악한 주변 환경과 비교할 때 마치 다른 별에 와 있는 것 같은 착각을 일으킨다. 물이 고갈되지 않는 호텔방의 샤워 시설도 마찬가지다.

정글 속에서는 물이 너무 귀해서 여자들과 아이들이 몇 킬로미터를 걸어 그들의 오두막까지 간신히 물을 길어 온다는 것을, 샘이 없어 때로는 고약한 냄새가 진동하는 물구덩이에서 물을 퍼 온다는 사실을 정글 호텔에 묵는 여행객들이 알 리 없다.

호텔 투숙객들은 은은한 촛불 빛을 받으며 신선한 샐러드와 이탈리아 요리와 프랑스 와인을 즐긴다. 가까운 마을에서는 일 년 내내 아이들이 굶주림에 시달리고 있는데도 말이다. 호텔방 창문으로 바라보는 전경은 참으로 신비스럽다. 손에 잡을 수 있을 정도로 가까운 거리에서 동물들이 풀을 뜯고 있다. 여행객들이 살던 나라에서는 동물원이나 가야 볼 수 있는 동물들이다.

세렝게티의 꿈은 어떤 것으로도 방해받지 않는다. 아프리카 여행은 성스런 아프리카, 실제로 존재하지 않는 아프리카를 보여 준다. 정글 호텔에서 마주치는 검은 얼굴의 손님이 아프리카 사람이 아니라 대부분 아메리카 사람이라는 것을 누가 알까? 호텔 프론트에서 빅토리아 호수 근처 소도시의 전화번호부를 볼 수 있느냐고 묻고는 전화가 너무 드물다 보니 그런 전화번호부는 존재하지 않는다는 사실에 놀라는 사람이 얼마나 될까?

호텔 직원이 건네 준 전화번호부를 드는 순간 나는 그가 착오로 탄자니아의 수도 다르에스살람의 전화번호부를 집어 주었나 보다 생각했다. 다르에스살람이라는 이름이 표지를 장식하고 있으니까. 그래서 혹시 다르에스살람의 전화번호부가 아니냐고 물으니 직원은 이렇게 대답한다. "아뇨. 그건 탄자니아 전국 전화번호부입니다. 거기에 손님이 찾으시는 번호가 기재되어 있을 겁니다." 그는 내가 의아해 하는 이유를 모른다. 그 얇은 전화번호부는 일 인 당 국민소득이나 국민총생산보다 그 나라에 대해 더 많은 것을 말해 주고 있다.

동아프리카에 위치한 탄자니아의 면적은 독일과 프랑스를 합친 만큼이고, 인구는 3,000만 명이 넘는다. 하지만 탄자니아 전체의 전화번호부는 내가 매일 사용하는 독일의 그리 크지 않은 도시 마인츠의 전화번호부보다 더 얇다.

이 경악스러운 빈곤 때문일까? 동물 공원과 놀라운 자연 경관 이외의 아프리카는 다른 대륙 사람들에게 별로 매력이 없다. 전쟁이 아니면, 무지막지한 기아가 아니면, 흑인들이 마지막 남은 백인들을 몰아내지 않는다면 아프리카는 우리의 언론에 나올 일이 별로 없다. 아프리카는 그만큼 아주 멀다.

아프리카 대륙에서 가장 높은 산은 고도 5,895미터인 킬리만자로이다. 적도에 가까운데도 봉우리는 눈으로 덮여 있다. 킬리만자로는 100년 전쯤 한 독일인이 처음 정복한 이래로 아프리카에서 가장 유명한 산이 되었다.

마사이족이 등반에 능했다면 킬리만자로는 마사이족의 산이 되었을 것이다. 마사이족은 킬리만자로 북쪽의 케냐와 남서쪽의 탄자니아에 흩어져 살고 있기 때문이다. 피부가 매우 검고 키 크고 늘씬한 마사이족 남자들은 마치 팽팽한 심줄과 근육으로만 이루어져 있는 것처럼 보인다.

마사이족과 세렝게티의 동물들은 원초적 아프리카에 대한 우리의 상상을 자극한다. 우리는 이런 원초적 아프리카를 컴퓨터와 자동차가 있는 미래의 아프리카보다 더 좋아한다. 마사이족은 현재 약 50만 명인 것으로 알려져 있다. 마사이족은 얼마 되지 않은 목초지에서 줄어 가는 가축들을 먹이며 살고 있다. 주변 사회의 몰이해로 유목 생활이 가능하지 않기 때문에 이제는 정착하여 살며 작은 목초지로 만족해야 하는 것이다.

마사이족은 고대 아프리카와의 슬픈 이별을 상징한다. 물론 이방인

옛 마사이족은 소 떼를 거느리고 다녔다. 그러나 지금은 염소라고 키울 수 있으면 운이 좋은 것이다.

들에게는 상관없는 일이다. 창을 든 마사이 전사를 담은 사진은 충분하니까. 하지만 고집스럽게 자신의 문화를 고수하는 마사이족은 아프리카에서 왜 그렇게 많은 것들이 변화하기가 그리도 어려운지, 에이즈가 창궐하게 된 지금 신속하게 변화되어야 할 것이 무엇인지를 알 수 있는 열쇠를 제공한다. 왜 이 작은 바이러스가 아프리카의 전래적 관습을 배경으로 예상했던 것보다 훨씬 빨리 파국으로 몰고 가는 전염병이 되어 수백만의 희생자를 낼 수 있었는지 말이다.

마사이족은 어깨와 엉덩이에 빨강과 검정이 어우러진 격자무늬 천을 예술적으로 휘감고 있다. 일몰을 배경으로 몇 시간 동안 뜀뛰기를 할 때도 변함이 없다. 매끈하게 깎아 나간 뾰족한 창은 그들이 여전히 전사라는 것을 보여 준다. 하지만 그들은 다행히 이미 오랫동안 사자 한 마리도 죽이지 않았다.

마사이족은 유럽인을 연상시키는 균형 잡힌 얼굴 생김새와 곧게 뻗은 콧날을 하고 있다. 아프리카의 다른 종족들과는 대비되는 모습이다. 남자들도 여자들처럼 귓불의 아래쪽에 커다란 구멍을 뚫었는데 여자들처럼 커다란 귀걸이를 하는 것도 아니면서 왜 그런 구멍을 뚫었는지 이유는 알 수 없다.

마사이족 여자들은 머리를 매끈하게 면도하는 데 반해 남자들은 머리를 길게 기른다. 여자들은 화려한 유리구슬과 색색의 돌들로 허리띠, 끈, 넓은 목 장식을 만들고 여기에 함석으로 만든 둥글거나 뾰족한 모양의 나뭇잎 장식을 단다. 마사이족 여성들의 목 장식은 중세 유럽의 시민 계급 여성들의 장신구와 닮았다.

마사이족은 남자, 여자 모두 오늘날까지 할례를 받는다. 남자들의 경

마사이족 촌락 안에서 거울을 손에 든 여인들. 마사이족에게 파트너 교환은 일반적으로 행해지는 관습
이다.

우 음경의 표피를 떼어 낸다. 이 할례는 위생적인 목적도 지닌다. 고고학
발굴의 결과 고대에도 돌칼로 이런 할례를 행했던 것으로 밝혀졌다.

그러나 음핵(Klitoris, 클리토리스)을 떼어 내는 여자들의 할례는 굉장
히 고통스러울 뿐 아니라 모든 성감을 빼앗아 버리는 행위다. 그러고 나
면 마사이족 여자들은 단순히 애 낳는 기계로 전락해 버린다. 하지만 남
자들에겐 상관없는 일인 듯하다. 여자들의 할례는 마사이족뿐 아니라 다
른 아프리카 부족들에게서 수백 년 동안 전해 내려온 풍습이다. 마사이
족 여자들에게 오늘날까지 그런 할례를 계속하는 이유가 무엇이냐고 물
으니 이렇게 되묻는다. "나의 많은 어머니들이 그랬듯이 내가 섹스에 만
족감을 느끼지 못한다고 해서 내 딸이 그것을 느껴야 할 이유가 있나요?"

몇 년 전쯤 생색내기 좋아하는 관광객이 사진기 앞에서 포즈를 취해

준 마사이족에게 대가로 1달러쯤 건네었나 보다. 그후로 가격 흥정 없이 마사이족의 사진을 찍는 것은 불가능하다.

머리 장식을 한 여자들이건 창을 들고 천으로 몸을 두른 남자들이건 마사이족은 낯선 사람이 그들에게 접근하면 얼른 손을 내밀며 "픽처, 달러(Picture, Dollar)"라고 말한다. 그 사람이 카메라를 들고 있건 그렇지 않건 간에 말이다. 마사이족은 달러만 받는다.

세렝게티의 마사이족은 좀 특별하다. 신문도 읽지 않고 텔레비전도 없이 어떻게 그렇게 되었는지는 알 수 없으나 그들은 외국인을 잘 구별한다. 미국인을 가장 부유한 손님들로 치는데, 미국 여행객에겐 사진 모델료로 50달러를 요구하고, 유럽인들에게는 10달러만 받는다.

그림 같은 천을 두르고 길가에서 염소를 지키는 어린 남자 아이도 창을 흔들어 대며 돈을 요구한다. 이 창은 어리다고 무시당하지 않도록 가

마사이족의 오두막. 침실, 거실, 부엌이 있다. 지금은 이곳에서도 콘돔에 대한 이야기가 한창이다.

족들이 가져다 준 것이다. 달러를 받은 소년은 위조 지폐가 아닌지 시험해 보는 양 지폐를 유심히 햇빛에 비추어 보고 엄지손가락과 집게손가락으로 문질러 본 다음 고개를 끄덕이고는 포즈를 취해 준다.

마사이족은 폐쇄적이고 내향적인 사람들이다. 초원을 누비던 그들의 모습을 아는 사람은 그들 중 많은 수가 이제 대학에 다니고 그 중에는 이미 교수가 된 마사이족 여성도 있다는 사실을 상상하기 힘들 것이다. 마사이족 출신의 이 여교수는 자신이 마사이족 출신이라는 것을 자랑스러워한다. 마사이족은 진흙, 쇠똥과 오줌으로 오두막을 지어서 원형 촌락을 이루어 살며 자신들이 기르는 동물의 피를 마신다. 힘든 일은 여자들에게 시키고 고집스럽게 전통을 고수한다.

우리가 마사이족의 생활 습관에 대해 더욱 상세히 알게 된 것은 정글의 마사이족 남자와 한동안 결혼 생활을 했던 한 스위스 여인 덕분이다. 마사이족 남편과 살다가 완전히 심신이 쇠약해진 상태로 어린 딸을 데리고 유럽으로 돌아온 그녀는 몇 년 전 자신의 아프리카 생활을 기록한 일기장을 기초로 『하얀 마사이족(Die weiße Massai)』이라는 제목의 책을 냈다.

아프리카에서 돌아왔을 때 하얀 마사이 엄마와 딸은 피부가 곪고 몹시 가려운 증세를 호소했다. 스위스 의사의 진단 결과 그 피부병은 옴으로 밝혀졌다. 옴은 전염성이 있는 피부병으로 위생 상태가 좋지 않을 때 자주 발생한다. 지난 세기 유럽에도 널리 퍼졌었지만 오늘날에는 거의 사라졌다. 그러나 초원에 사는 마사이족에게 씻을 물, 아니 때로는 마실 물조차 부족하다는 걸 말해 무엇 하겠는가.

이 하얀 마사이 여인은 마사이족의 풍습을 세세하게 전해 준다. 그

전까지 마사이족들의 애정 생활에 대해서는 별로 알려져 있지 않았다. 『하얀 마사이족』에 나온 바에 의하면 마사이족 여자와 남자는 서로 키스하지 않는다. 사랑을 나눌 때에도 말이다. 심지어 밤에 벗은 채 나란히 누워 있을 때에도 남자는 여자의 배꼽 아래를 만지지 않는다. 여자들 역시 남자들의 생식기 부분을 절대로 만지지 않는다. 마사이족에게 파트너를 교환하는 일이 빈번하다는 것에 대해서는 책에 직접적으로 언급되어 있지 않다. 그녀의 남편이 그녀만으로는 만족하지 못해 다른 여자들에게 가곤 했다는 것 외에는.

그러나 하얀 마사이 여인의 아프리카에 대한 묘사는 피상적이다. 그녀는 마사이족의 사상 세계나 사회 구조까지 깊이 알 수는 없었다. 그러기에는 남편의 영어가 너무 짧았고 그녀의 스와힐리어 실력도 변변치 않았다.

우리는 그 동안 민속학자들을 통해 마사이족이 정권의 박해를 받으면서도 새 시대에 적응하기를 고집스럽게 거부하고 독립적이고 긴밀한 공동체를 유지하고 있다는 사실을 알고 있다. 마사이 소년들은 15~16세가 되면 무리를 이루어 친구들과 함께 할례를 받는다(이것은 아프리카의 다른 지역도 마찬가지다.). 함께 할례에 참여한 마사이 소년들은 서로 결속하여 굳건한 공동체를 이루는데 이 공동체는 일생 동안 효력을 지닌다.

함께 할례를 받은 동갑내기 전사들은 엄청난 결속력을 과시한다. 그 중 하나가 결혼을 하자마자 서로에게 아내를 내주는 일이다. 이것이 구체적으로 어떻게 진행되는지는 알려져 있지 않다.

자신의 아내를 오랫동안 다른 전사 곁에 머물게 하는지, 아니면 며칠

젊은 마사이에게 할례는 이제 어엿한 '남자'가 되었다는 것을 의미한다. 페니스의 상처가 아무는 동안 그들은 검은 옷을 입는다. 슬픔이 아닌 축하의 의미에서 말이다.

간만 함께 동침하도록 하는지, 아니면 단 하룻밤만 그렇게 하는지 아직 파악되지 않았다. 파트너 교환에 어떤 원칙이 있는 것인지, 자녀는 어떻게 나누는지 하는 것도 말이다. 파트너 교환에서 전권은 남자들에게 있다는 사실만 알려져 있을 뿐이다. 누가 누구와 언제 어디에서 지낼 것인지는 남자들이 결정한다.

여자들은 그저 남자들의 의견에 따른다. 여자 쪽에서 선택하거나 거부할 수는 없다. 여자들은 순순히 응한다. 그런데 이런 파트너 교환은 동갑내기 그룹 안에서만 이루어진다. 다른 연령끼리는 그렇게 하지 않는다. 종족 간에 파트너 교환을 할 때에도 같은 연령끼리만 한다.

에이즈도 아직 마사이족의 파트너 교환 풍습을 막지 못했다. 구호단체의 설득으로 콘돔을 사용하기 시작한 종족은 있지만 말이다.

마사이 사회는 연령을 중심으로 위계 질서가 편성된다. 젊은 소년 전사들은 15년을 기다려야 한 계급 올라간다. 그러면 여러 가지 특권을 누릴 수 있다. 그 다음 다시 15년이 지나 45세쯤 되면 마사이족의 연장자 집단에 들어갈 수 있다. 이들 중에서 중요한 일을 결정할 수 있는 상급 연장자들을 뽑고, 그 중에서 추장을 한 명 뽑는다.

파트너 교환 풍습에도 불구하고 오두막 사이에서 벌어지는 마사이족의 축제는 무절제로 흐르지 않는다. 술은 금기이며 마사이들은 서로 거리를 두고 축제를 벌이고 춤을 춘다.

초원의 마사이 원형 촌락을 찾아가는 길에 만난 마사이족의 두 전사는 우리를 축제가 열리는 곳으로 안내해 준다. 그들은 오프로드 자동차 뒤칸의 간이 침대에 앉아 초조하게 창을 흔들어 대는데 마치 이곳에서는 자신들의 말이 절대적임을 암시하려는 듯하다. 하지만 모래 언덕과 가시

마사이 촌락의 큰 길. 가게 같은 것은 없다.

덤불과 수풀 사이로 운전사가 어떻게 길을 뚫고 가야 할지를 창 끝으로 지시해 주고, 차가 모래에 빠져 전진하지 못하자 천을 두른 몸으로 차량을 미는 것을 도와 준다.

우리가 동반한 마사이 중 오래전부터 도시에서 살아 온 마사이 하나가 우리와 마사이족 사이를 중재해 준다. 중재는 쉽지 않다. 원형 촌락의 추장은 우리가 사진을 찍어도 되는지, 무엇을 찍을 수 있는지를 정해 준다. 낯선 사람이 그 지방에 오는 일은 굉장히 드물기 때문이다.

마사이 원형 촌락의 오두막은 공터를 둘러 늘어서 있다. 손가락 굵기만한 가시를 가진 가시나무들이 촌락 주변으로 울타리를 이룬다. 마을의 추장은 다른 노인들과 함께 나무 밑에 앉아 서로 분장을 해 준다. 우리는 10달러에 사진을 찍기로 합의한다. 지폐를 건네자 앉아 있던 노인들은 지폐를 차례차례 돌려보며 손으로 만져 본다. 이의를 제기하는 사람은 아무도 없다. 장신구로 치장한 여자들이 이의를 제기하려고 하지만 추장의 눈짓에 잠잠해진다. 여자들을 조용히 시키기 위해 추장은 손가락 하나 까닥할 필요가 없다. 못마땅한 눈초리만으로 충분하니까.

마사이들은 어떤 질문도 하지 말아 달라는 뜻을 전한다. 그런데도 우리가 이를 무시하고 질문을 하면 대답하지 않을 것이라고 한다. 열네 명의 젊은 마사이 전사들이 창을 흔들며 원형 촌락 안으로 뛰어들더니 축구팀처럼 한 줄로 나란히 선다. 축구팀과 다른 점은 아무도 환호를 하거나 박수를 치지 않는다는 것이다. 북도, 호루라기도 없다. 나이 지긋한 여자들 몇이 나타나 창을 모으더니 울타리 가장자리의 땅에 박아 놓는다.

이제 젊은 전사들은 하나의 무리를 이룬다. 그 중앙에서 두 명씩 짝을 지어 공중으로 껑충 뛰어오르며 후음으로 노래를 한다. 수직 뜀뛰기는 더욱 높아지고 머리를 바짝 붙잡아 매었음에도 갈기처럼 펄럭인다. 눈썹을 덧그리고 붉게 칠한 얼굴에 땀방울이 맺히고 마침내 주위는 열대의 열기에 압도당한다.

이 전사들의 용감한 뜀뛰기는 화려하게 치장한 몇몇 젊은 여자들을 유혹한다. 여자들은 젊은 남자들을 둘러 원형으로 선다. 이제 뜀뛰기를 하면서 부르는 남자들의 노래가 특정한 리듬을 이루고 여자들도 그에 맞춰 알록달록한 천을 두른 몸을 흔들며 함께 노래를 부른다.

축제는 그렇게 계속된다. 상대 몸에 손을 대거나 하지는 않는다. 노랫소리가 커지고 뜀뛰기가 높아지고 여자들의 춤사위가 격렬해지지만 그것이 전부다. 이윽고 그들은 두 명씩 짝을 지어 오두막 속으로 퇴장한다. 우리 역시 공연이 끝나기 전에 원형 촌락에서 나가야 한다.

전에는 이렇듯 폐쇄된 공동체가 마사이족을 에이즈에서 보호할 수

마사이족의 춤은 축제 의식의 하나이다. 에이즈로 인해 파트너 교환은 특히 위험한 일이 되었다.

있었을 것이다. 하지만 이제는 그들 중 많은 수가 도시로 가곤 한다. 하루 종일 자전거를 타고 달려야 하는 거리지만 상관없다. 그리고 한동안 도시에 머물며 에이즈에 전염이 되기도 한다. 그리고는 마사이 촌락으로 돌아와 바이러스를 급속도로 퍼뜨린다. 추장이 피골이 상접한 에이즈 희생자를 처음으로 발견한 이래 마사이족의 세계는 흔들리고 있다.

그러나 새로운 세계가 머릿속에 구체적으로 그려지지 않는 이상 옛 세계는 쉽게 뿌리 뽑힐 수 없는 법이다. 우리 역시 폐기시켜 버리는 것이 나을 법한 낡은 관습들을 붙들고 있지 않은가. 콘돔만으로는 세계를 변화시킬 수 없다. 그 사실은 마사이족뿐 아니라 아프리카 전체에 해당된다.

그나마 마사이족은 나은 편이다. 마사이족 외에 파트너 교환을 이렇게 전통적 관습에 따라 하고 그 전통을 세대에서 세대로 전수하는 부족은 없다. 아프리카 다른 부족의 도덕성은 더욱 느슨하다. 기분에 따라 파트너를 교환하며 자유롭게 사는 것은 그리 이상한 일이 아니다. 그런 생활 속에서 많은 것들은 시간이 흐르면서 저절로 해결되었을 것이다. 그러나 에이즈는 아프리카인들에게 시간을 허락하지 않는다.

하루 세 번 취미로 하는 섹스

어떤 남자가 다른 마을에 사는 형제를 방문하면 쌀로 만든 푸짐한 음식이나 직접 양조한 맥주를 대접받는다. 거기다 주인은 손님에게 함께 자라고 아내까지 내준다. 여자는 사회적 지위가 낮기 때문에 이런 조처에 대해 반항할 수 없다. 그럴 생각조차 하지 않는다.

이런 관습은 사회 보장을 대신하는 가족의 역할로부터 연유한다고 할 수 있다. 형제가 죽으면 남은 형제가 고인의 가족들을 받아들인다. 국가 차원의 보살핌이 전혀 없기 때문이다. 과부가 된 형수나 제수는 남은 형제의 두 번째, 세 번째 혹은 네 번째 부인이 되고 아이들은 그 형제의 친자녀들과 더불어 자란다.

살아 있는 형제로 하여금 일부러 고인이 된 형제의 집에 가서 과부가 된 형수나 제수와 관계를 맺도록 하는 지방도 있다. 그 집에 있는 악한 귀신들을 몰아내기 위해서라고 한다. 귀신들은 언제나 중요한 역할을 한다. 보살필 형제가 없을 경우 다른 친척이 그 역할을 맡는다.

여러 명의 부인과 함께 사는 것은 특별한 일이 아니다. 부인을 여러 명 두는 것은 법적으로 허락이 된 일이다. 아프리카 인구의 80퍼센트 이상이 거주하는 사하라 이남에서 일부다처제는 일반적인 가족 형태다. 부인 서너 명에 열네 명에서 스무 명에 이르는 자녀들! 이런 대가족을 거느린 가장이 한창 나이에 에이즈로 죽으면 남아 있는 가족들의 삶은 고달플 수밖에 없다.

남편이 죽고 스물여섯 명의 아이들과 함께 남은 네 명의 과부에게 혹시 남편이 살아 있을 때도 네 부인이 한 남자와 살아가는 것이 힘들지는 않았는지 물어 보았다. 남편이 살아 있었다면 부인들은 대답을 회피하며 남편에게 물어 보라고 했을 것이다. 이제 부인들은 그들의 가정 생활에 대해 이야기해 주고 싶어 한다. 그러나 내가 무엇을 알고 싶어 하는지를 파악하기까지는 시간이 오래 걸렸다.

그녀들은 그런 것에 대해서는 생각해 본 일이 없다고 말한다. 어떤 부인하고 잘 것인지는 남편이 결정하며 부인들은 순종만 할 뿐이란다. 남편이 생전에 네 부인으로 만족하지 못해 종종 다른 여자 친구를 만들곤 했노라는 말도 덧붙인다. 그러다가 여자 친구 중 한 명으로부터 에이즈가 전염되었단다. 이제 남편은 죽었고 검사 결과 네 부인 역시 에이즈 양성 판정을 받았다. 자녀들 중에도 에이즈에 걸린 아이가 있을지 모른다. 그러나 아이들은 검사해 보지 않았다.

개발이 많이 이루어진 남아프리카 공화국을 제외한 사하라 이남 아프리카에서 소위 '바람을 피우는 것', 또는 자유로운 성관계는 우리가 생각하는 것과는 약간 다른 측면을 갖는다. 몇몇 대도시를 제외한 대부분의 지방에서 섹스는 시간을 죽이는 유일한 취미 생활이기 때문이다.

언제나 태양이 작열하고 지천으로 열리는 과일과 바나나가 맛있는

물음표가 달린 가족. 남편은 에이즈 양성 판정을 받았고 아내 둘은 아직 검사를 받지 않았다. 네 아이 중에도 HIV에 양성 반응을 보이는 아이가 있을지 모른다.

음료를 제공하는 아프리카의 시골 남자들은 스트레스를 모른다. 대부분의 도시 남자들도 별반 다르지 않다. 그들에겐 비아그라가 필요 없다.

그동안 에이즈에 대해, 무엇보다 왜 이 죽음의 바이러스가 사하라 이남 아프리카에서 그렇게 빠른 속도로 번지고 있는가에 대해 많은 연구가 이루어졌다. 이와 관련하여 사회학자들과 의학자들, 여타 전문가들은 한 가지 점에서 절대적인 의견 일치를 보인다.

그것은 아프리카 에이즈 감염자의 90퍼센트가 성관계를 통해 전염된다는 것이다. 유엔이 지칭하는 소위 'unprotected sex', 즉 '콘돔과 같은 보호책을 마련하지 않은 무방비 상태의 섹스'를 통해서 말이다. 수혈이나 소독되지 않은 주사 바늘을 통해 감염되는 경우는 소수다. 마약 중독자나 동성애자도 그리 많지 않다.

2001년 에이즈를 주제로 한 유엔의 특별 회의에서 "수백만의 아프리카인이 섹스로 인해 죽어가고 있다."라는 주제가 중점적으로 논의되었어야 했다. 그러나 정치적 주제와 달리 이 사안에 대해서는 활발한 토론이 이루어지지 않았다. 저널리스트들은 섹스가 에이즈 확산에 어느 정도의 역할을 하는지 들었어야 했다. 그러나 유엔 회원국들은 에이즈와 섹스라는 까다로운 주제로 서로를 비웃고 싶어 하지 않았다. 심지어 회의를 마감하는 공식 문서에서조차 동성애와 매춘에 관한 모든 내용은 삭제되었다. 모슬렘들이 자신의 나라에서는 동성애도 매춘도 없다고 주장했기 때문이었다.

유엔이 내놓은 「2002년 세계의 에이즈 전염병 보고」에도 구체적인 나라가 언급되지 않았다. 하지만 그 문서는 "아프리카 사하라 남쪽 지역에서 에이즈는 대부분 성교를 통해 전염된다."고 보고했다. 그밖에도 전문가들은 에이즈에 감염될 가능성은 "한 개인의 섹스 파트너가 많을수록 커진다."고 말하고 있다.

이것은 남아프리카 공화국처럼 노동 인구가 밀집된 지역에도 해당한다. 대도시 근교에 위치한 광산 부근에는 수만 명의 뜨내기 노동자들이 살고 있다. 이들은 몇 달씩 부인들과 떨어져 지내므로 유엔이 칭하는 '섹스노동자(Sexworker)'들의 고객이 된다. 뜨내기 노동자들의 부락은 소웨토(Soweto: South-Western Townships)라고 불린다. 현재 이곳 노동자들의 30퍼센트 이상이 에이즈에 감염된 상태다. 이로 인해 남아프리카 공화국은 에이즈 감염률이 가장 높은 나라라는 오명을 안게 되었다.

여러 달씩 혼자 지내야 하는 노동자의 아내들 역시 마찬가지다. 남편들이 소웨토에서 매춘부와 즐기는 동안 이들 역시 혼자서 지내지 못하고 남자친구들을 만들어 서로 전염시킨다.

그에 반해 동성애자가 차지하는 비율은 그리 높지 않다. 남자들만으로 이루어진 주거지에서조차 동성애자들이 많지는 않다. 물론 내전이 있은 이래 르완다의 감옥처럼 수천 명의 남자들이 좁은 공간에 섞여 살아야 하는 커다란 감옥에서는 남자들끼리의 성행위가 이루어지기도 하지만 그밖에는 이성 간의 관계가 지배적이다.

그러나 매춘부의 수는 아주 많다. 대도시만이 아니다.

어렸을 때부터 몸을 팔아 가족을 부양하는 여자들이 많다. 그런 의미에서 아프리카 매춘부들을 '섹스노동자'라 부르는 것은 매우 적절해 보인다. 다른 일을 하고 싶지만 일자리가 없다. 아프리카에 얼마나 많은 섹스노동자가 있는지 공식적인 집계조차 이루어지지 않은 실정이다.

에이즈에 관한 정확한 정보를 확보하려고 노력하는 유엔도 섹스노

붐비는 아프리카의 대도시. 인구의 1/5이 대도시에 거주한다. 공무원, 의사, 엔지니어들은 대부분 도시에 산다.

동자에 관한 문제에서는 유보적인 태도를 보인다. 어떤 아프리카 국가가 매춘부가 가장 많은 나라라는 꼬리표를 달고 좋아하겠는가. 그러나 이런 상황들이 에이즈에 있어서 더 끔찍한 결과를 초래할 것이다.

가족을 부양하기 위해 많은 소녀들이 남자들에게 돈을 받고 자신을 내주고 있다. 어떤 경우는 가족 회의를 거쳐 매춘을 시작한다. 그것만이 지속적인 수입을 보장해 주기 때문이다. 누나가 매춘을 해서 번 돈으로 가족들은 동생의 교복을 산다. 교복을 입지 않으면 학교에 다닐 수 없다. 빈민을 위한 국가 차원의 교복 무상 지급 따위는 없다. 구호 단체도 모든 아이들의 교복을 지원해 줄 수는 없는 형편이다. 매춘으로 번 돈으로 동생들 학비도 댄다.

일반적으로 매춘은 지정된 장소가 없이 돌아다니며 해야 한다. 그런데도 가족들은 섹스노동자에게 자유를 주기를 극도로 꺼려한다. 수입을 마음대로 통제할 수 없기 때문이다. 또한 시골의 섹스노동자에게는 값싼 숙소나 장소를 옮겨 다닐 수 있는 교통 수단 등 인프라가 부족하다.

아프리카에 섹스노동자가 많은 이유는 우리가 상상할 수도 없는 높은 실업률 때문이다. 도시의 실업률이 70~80퍼센트에 이르고 시골은 더 높다. 대도시 주변에는 거대한 슬럼가가 존재한다. 사회 보조금이나 의료비, 실업 수당, 육아 수당 또는 그밖에 그 어떤 사회 복지의 혜택도 없다. 교회나 구호 단체가 아니면 빈민 지원책은 하나도 없는 셈이다. 아프리카에서 구호 단체의 활동이 중요한 이유가 바로 여기에 있다.

아무도 아프리카의 섹스노동자들에게 돌을 던질 수 없다. 2차 대전 직후 독일의 비참했던 시절을 기억해 보라. 믿을 수 있는 보고에 의하면 당시 많은 여인네들이 점령군에게 몸을 팔아 먹을 것과 담배와 술을 얻었다고 전해진다. 독일에도 수만 명의 섹스노동자가 있었다는 말이다. 사하라 이남 아프리카의 사정을 잘 아는 사람들은 이곳의 섹스노동자가 백만이 넘을 거라고 추정한다.

케냐의 수도 나이로비 근교의 빈민가의 한 판잣집에서 두 명의 매춘부를 마주한다. 테레사는 47세이고 메어리는 37세다. 테레사에겐 여섯 아이가 있다. 세 아이는 친자식이고 세 아이는 길에서 주웠다. 계속 자기 아이들과 함께 길에서 놀더란다. 메어리도 여섯 아이를 부양한다. 모두 친자식이다. 아들 셋, 딸 셋인데 각각 열여덟, 열넷, 열, 아홉, 여덟, 네 살이다. 테레사와 메어리는 에이즈에 감염된 상태다. 에이즈는 기침과 열로 찾아왔다. 그들은 마치 삶의 종지부를 찍은 사람들 같다. 그것이 그들로 하여금 낯선 이방인 앞에서 거리낌 없이 떠들게 하는 듯하다.

메어리는 막내를 출산하고 얼마 안 있어 남편을 잃었다. 남편은 에이즈로 죽었지만 사망진단서에는 말라리아로 기록되었다. 에이즈로 죽는 것은 치욕으로 여겨지기 때문에 서류를 조작했다. 메어리는, 자신은 남편밖에 몰랐는데 남편은 다른 여자들을 번갈아 가며 찾아다녔다고 한다. 남편은 아내에게 바이러스를 옮겼다. 남편과 에이즈에 대해 함께 이야기한 적은 단 한 번도 없었다. 남편이 죽고 나서 메어리는 테스트를 해보았고 에이즈라는 판정을 받았다.

직업이 없었던 그녀는 남편이 죽고 나서 아이들과 함께 쓰레기를 뒤져 먹고 남은 뼈다귀나 음식 찌꺼기 등을 모아 그것으로 죽을 끓여 싸게 팔았다. 하지만 장사는 신통치 않았고 아이들은 배를 곯았다. 그래서 메어리는 몸을 팔기 시작했다. 선진국과는 달리 아프리카의 섹스노동자들에겐 정가표 같은 것이 없다. 매춘부들은 눈치껏 돈을 우려내야 한다. 나이 어린 소녀 매춘부를 위해서는 보통 엄마들이 가격을 협상해 준다. 결코 높은 가격이 아니다.

메어리가 하루에 상대하는 남자들은 얼마나 될까? 그녀는 머리 두건을 고쳐 쓰더니 한손으로 턱을 괴고 "최소한 열명"이라고 대답한다. 그렇게 번 돈으로 아이들과 간신히 연명하고 있다. 부모님은 메어리가 섹스로 돈을 번다는 것을 안다. 하지만 에이즈 감염 사실에 대해서는 이야기해 본 적이 없다. 아이들의 감염 여부에 대해서는 아직 알지 못한다. 메어리의 손님들은 콘돔 없는 섹스를 원하고, 메어리는 개의치 않고 그에 응한다.

테레사 역시 과부고 어떤 직업 훈련도 받아 본 적이 없다. 테레사의 가족은 일찍이 테레사를 섹스노동자로 거리에 진출시켰다. 테레사의 남매는 여덟이다. 그렇게 섹스노동자가 된 테레사는 얼마 안 가 한 남자와 살게 되었고 매춘은 부업 삼아 했다. 그러던 중 남편이 에이즈에 걸렸다. 하지만 남편은 테레사에게 그 사실을 이야기하지 않았다. 요즘 하루 몇 명의 손님을 상대하는지 묻자 테레사는 대답을 피한다. 테레사 역시 여럿을 상대할 것이 분명하다. 그렇지 않으면 먹고 살 수가 없으니 말이다. 테레사는 이제 남편으로부터 받은 HIV를 다른 사람들에게 옮기고 있다. 자신이 에이즈에 걸렸다고 말해도 손님들이 콘돔을 착용하려 하지 않기 때문이다.

에이즈가 단순한 코감기인양 조심하지 않는 것은 테레사와 메어리 그리고 그들이 상대하는 손님들뿐만이 아니다. 에이즈가 사하라 이남 아프리카에 널리 퍼지는 데 크게 기여하는 사람들이 또 있다. 바로 화물차를 타고 국경을 넘나드는 수천 명의 화물차 운전사들이다. 아프리카에는 철도가 제대로 정비되어 있지 않다. 과거 식민 정권이 여기저기 선로를 놓긴 했지만 독립한 아프리카 나라들이 선로망을 확장하려는 노력을 전혀 하지 않았다.

그리하여 물건 수송의 주역은 화물차가 맡았다. 도로가 부실하고 시일이 오래 걸려도 하는 수 없다. 화물차 운전사들은 종종 몇 개월씩 남아프리카를 가로지르는 여행을 하기도 한다. 그럴 때면 국경 검문소에서 며칠씩 통관 수속을 기다려야 한다. 이럴 때 무엇을 하겠는가? 그들은 그들 나름의 방식으로 즐긴다.

잠비아에서 콩고로 넘어가는 국경. 통관증서를 받으려는 화물차의 행렬이 길게 늘어서 있다. 여기서 만난 젊은 화물차 운전사는 "작년에 1,000명의 여자와 관계를 가졌다."고 떠벌린다. 그러자 옆에 서 있던 젊은 아가씨가 "이 허풍쟁이 말을 믿지 마세요."라고 한다. 그리고는 "하지만 적어도 200~300명은 상대했을 거예요. 섹스는 그에게 식사와 같은 거니까요. 나도 하루 세 번은 해 주어야 한다니까요."라고 덧붙인다.

아가씨의 이름은 빅토리아다. 빅토리아는 섹스 노동이 제법 돈벌이가 된다고 말한다. 빅토리아는 갓 스물이고 아이가 하나 있다. 아이는 여동생이 돌본다. 여동생은 섹스로 돈을 버는 것을 이상하게 생각하지 않는다. 그들이 사는 집은 국경에서 얼마 떨어지지 않은 마을에 있다. 부모님은 2년 전에 모두 에이즈로 돌아가셨다.

빅토리아는 '조지'—빅토리아는 화물차 운전사를 그렇게 부른다—같은 손님들은 대부분 그만큼의 섹스를 한다고 말한다. "모두 건장한 남자들이고 무료해 하지요." 빅토리아는 원래 가까이에 있는 노동자 부락에서 청소부로 일했었다. 하지만 일자리를 잃은데다 아이까지 생기자 친

화물차 운전사와 함께 있는 섹스노동자. 이 화물차 운전사는 해마다 1,000명의 여자들과 관계를 가졌다고 떠벌린다.

구들은 그녀에게 다른 방법으로 돈을 벌 수 있다고 알려 주었다. 빅토리아는 예쁘장하다. 그녀의 '일감'은 운전사들의 입을 통해 알음알음으로 들어온다.

빅토리아도 에이즈에 감염되었는지 모른다. 하지만 병의 증상이 나타날 때까지 검사받지 않겠다고 한다. 그녀의 조지는 에이즈라는 말을 입에 담지 않는다. 그녀는 조지가 감염되었고 자신에게도 전염시킬 수 있을 거라고 생각한다. 하지만 조지는 콘돔을 착용하지 않는 섹스를 고집하고 그것을 위해 더 많은 돈을 지불한다. 특히 드라이 섹스(Dry Sex)에는 더 많은 보너스를 지불할 용의가 있다. 모두 그것을 아주 당연하게 여긴다.

드라이 섹스, 즉 마른 섹스는 유럽에는 거의 알려져 있지 않다. 미국에서도 낯선 말일 것이다. 그러나 아프리카에서 드라이 섹스는 아주 은밀한 일이기 때문에 공식적으로 언급하지는 않지만 널리 퍼져 있다. 빅토리아는, 드라이 섹스는 성교시 여성의 점막을 마른 상태로 유지하는 섹스라고 설명한다. 조지가 처음으로 그것을 요구했을 때 그녀는 자연 치료사를 찾아갔다.

빅토리아가 질을 건조하게 하기 위해 화학 세제를 사용하는 것을 탐탁지 않게 생각한 엄마가 자연 치료사를 찾아가라고 조언해 주었다고 한다. 빅토리아는 자연 치료사에게서 약초를 갈아서 만든 분말을 구입했다. 자연 치료사는 이 약초 분말을 점토와 원숭이 오줌과 섞어 주었다. "그것을 어떻게 만드는지는 전혀 관심이 없다."고 빅토리아는 말한다. 이 분말로 질을 잘 문지르면 약간 부풀어 오르긴 하지만 질의 점막은 마른 상태를 유지하게 된다. "상당히 아파요."라고 빅토리아가 말한다. "하지만 드라이 섹스를 해 주면 평소보다 세 배의 돈을 벌 수 있어요."

빅토리아는 이런 드라이 섹스가 에이즈 감염의 위험을 훨씬 높인다는 것을 모른다. 이곳 국경 지역에서 빅토리아에게 그런 설명을 해 주는 사람은 없다. 드라이 섹스를 하면 마찰이 커짐으로써 질의 실핏줄이 쉽게 터진다. 페니스의 실핏줄도 마찬가지다. 이렇게 되면 감염은 즉각적으로 이루어진다. 구호 단체 직원들의 말에 의하면 아프리카 남자들은 이런 드라이 섹스를 매춘부들뿐 아니라 아내들에게도 요구한다고 한다.

그동안 화물차 운전사들은 아프리카 전 지역에서 에이즈를 퍼뜨리고 다니는 주범이라는 쓸쓸한 명성을 안게 되었다. 다른 사람을 손가락질하는 것은 쉽다. 그러나 화물차 운전사들보다 훨씬 더 심한 사람들이 있다. 바로 국경을 넘나드는 군인들이다. 수많은 내전과 지역 분쟁에 참가한 군인들이 에이즈를 마구 확산시키고 있다. 군인들은 마을에서, 거리에서, 피난민의 행렬에서 어린 소녀들, 종종은 너무나 어린 아이들을 데려다가 관계를 맺는다. 아이들을 청소부나 가정부로 부리며 몇 개월씩 데리고 다니다가 아이들을 임신시키고 에이즈를 전염시킨다. 부락에서 만나는 여자들을 성폭행하기도 한다.

2002년 여름을 기준으로 아프리카에는 30개의 크고 작은 내전이 벌어지고 있는 것으로 조사되었다. 르완다는 이웃해 있는 콩고에 4만 명의 군인을 파견하였다. 파견되었던 군인의 절반은 현재 다시 집으로 돌아왔다고 한다. 그들이 돌아온 이후 르완다에서도 에이즈가 맹렬한 속도로 퍼지고 있다. 얼마나 많은 무장 군인들이 국경을 넘나들며 바이러스를 퍼뜨리고 있는지 우리는 알지 못한다. 그러나 국제 전문가들의 견해에 따르면 아프리카 에이즈 확산의 최고 주범은 바로 군인들이다. 의용병이건 정규군이건.

미국인인가 원숭이인가

언뜻 보면 정교한 미술가의 작품 같다. 진초록의 잎들과 바나나 숲에 점점이 쏟아지는 노란 햇빛이 낭만적인 풍경을 자아낸다. 빛이 넘실대는 작은 언덕의 예쁜 기와들은 마치 미술가가 아프리카에 새로운 내일을 제시하고 있는 듯하다. 하지만 아름다운 풍경에 감탄하고 있을 여유는 없다. 작은 언덕 사이 허물어져 버린 오두막 앞에 앉은 주름 많은 할머니가 몽상적인 구경꾼을 재빨리 현실로 되돌아오게 한다. "우키뮈, 우키뮈(Ukimwi, Ukimwi)" 할머니는 신음하듯 내뱉는다. 우키뮈는 에이즈라는 뜻이다. 할머니는 힘들게 팔을 들어 주변을 가리키면서 "아들 딸 열한 명을 저기에 묻었어."라고 말한다.

그들의 무덤은 예쁜 기와─파편만 있는 것도 많다─로 덮여 있다. 그 근처 사람이 살지 않는 어떤 근사한 집의 지붕 기와들을 주위와 덮어 놓은 것이다. 그 집에 살던 사람들은 모두 에이즈로 죽어 버렸다. 그래서 그 집에 나쁜 귀신들이 산다는 소문이 돌아 아무도 들어가지 않으려고 한단다. 그나마 그 집이 버려져 기와들을 가져올 수 있었기에 무덤이 보

바나나 숲 속 묘지. 죽은 자들의 집은 버려진다. 여기 이 무덤들은 기와로 덮어 놓아서 예외적으로 남아 있다.

존될 수 있었다. 이렇게 덮어 놓지 않았다면 무덤은 오래전에 사라져 버렸을 것이다.

열한 기의 무덤 중 하나에는 서투르게 십자가 표시가 있다. 하지만 어디에도 무덤 주인의 이름은 찾을 수 없다. 할머니가 글을 쓸 수 있을 리 만무하다. 손자들 중 몇몇은 할머니와 함께 지낸다. 달리 어디로 가겠는가? 이들은 구호 단체에서 공급하는 식량으로 간신히 연명하고 있다.

몇 년 사이에 집 바로 옆으로 무덤이 늘어 가고 있다. 물론 가까운 곳에 무덤이 있는 것은 예전에도 그리 특별한 일이 아니었다. 그러나 이렇게 많지는 않았다. 어느 것이 아빠 무덤이고 어느 것이 엄마 무덤이고 어느 것이 누나, 혹은 사촌들의 것인지 구별하기가 힘들다. 어떤 표시도 없기 때문이다. 아이들은 무덤 사이에서 즐겁게 뛰어논다. 그러나 누구의 무덤인지 기억하는 경우는 아주 드물다.

우리 식으로 따지면 현관 앞에 파슬리와 파, 그리고 들꽃과 장미가 어우러져 피어나야 할 정원 대신 가족묘가 있는 셈이다. 누구나 신경 쓰지 않고 무덤을 지나다니고 심지어 마구 밟기도 한다. 묘지라는 그 어떤 표시도 없기 때문이다. 아무도 묘지에 꽃을 갖다 놓지 않는다. 고인을 경멸해서가 아니다. 먹을 것도 없는 판에 비석이나 무덤을 장식할 것들이 어디서 난단 말인가? 설사 돈이 있다 해도 비석이나 장식들을 구할 수 없을 것이다.

이 할머니가 사는 마을에는 최근 몇 년 새 많은 사람들이 그녀의 열한 자녀들처럼 에이즈로 죽었다. 그래서 아프리카의 다른 많은 마을들처럼 이 마을도 거의 사라질 위기에 있다. 세계적으로 수백만의 에이즈 환자들이 죽어갈 것이다. 인도, 인도네시아, 중국, 러시아, 벨로루시 공화국, 우크라이나, 그리고 여타 동유럽 국가들이 최악의 상황에 직면해 있다. 이런 상황은 2015년 에이즈가 정절에 달한 다음 증가세가 꺾일 것이라는 국제적 학자들의 단순한 보고에 가려져 있다. 지금까지 2015년 이후에 에이즈가 꺾일 것이라는 견해를 대변해 오던 학자 중 많은 수가 그런 견해를 다시금 철회하고 있다. 이런 견해가 너무 낙관적이었다는 것을 알았기 때문이다.

유엔 산하, 특히 유엔에이즈의 연구 결과 사하라 이남 아프리카 흑인종의 평균 수명은 현재 47세이다. 에이즈가 아니었다면 62세였을 텐데 말이다. 이 평균 수명마저 계속 낮아지고 있다. 가장 상세한 자료를 확보할 수 있는 남아프리카 공화국을 대상으로 한 통계적 수치들은 특히 끔찍하다. 남아프리카 공화국의 15~34세 인구 사망률은 에이즈가 없을 때보다 무려 17배나 늘었다. 옛날에 이 연령대의 인구 1,000명이 죽었다면 지금은 1만 7,000명이 죽는다는 이야기다.

예측은 호소력이 약하다. 그때가 와야 알 수 있기 때문이다. 그러나 아프리카에서는 예측이 오래전에 현실이 되었다. 시골에서 특히 중요한 직업인 교사의 에이즈 감염률은 다른 직업 종사자와 비슷하다. 대도시는 그래도 낫다. 대도시는 그나마 교사가 많기 때문에 교사가 죽어 나가도 대체 인력을 활용할 수가 있다. 그러나 대부분의 아이들은 학교 당 교사가 단 한 사람밖에 없는 시골 학교에 다닌다. 이런 학교에서 하나밖에 없는 교사가 에이즈로 죽으면 어렵게 세워진 학교는 문을 닫아야 한다. 놀고 있는 교사가 없으니 보충할 인력이 있을 리 없다. 교사 수가 절대적으로 부족한 것이다.

에이즈가 일반적인 전염병의 정도를 넘어선 지 오래이며, 지역적으로 너무나 광범위하게 퍼져 있기 때문에 전문가들은 이제 에이즈를 대유행병이라 부른다. 종종 에이즈에 비견되는 중세의 페스트 역시 대유행병이었다. 보통 전염병은 그리 오래지 않아 수그러드는 데 반해 대유행병은 오랫동안 지속되며 엄청난 피해를 남긴다.

HIV는 'Human Immunodeficiency Virus', 즉 '인간 면역 결핍 바이러스'의 약자이다. 일반적으로 HIV라는 약자로 쓰인다. 이런 바이러스에 감염되어 면역 결핍이 일어나는 병을 에이즈(AIDS)라 부른다. 'Acquired Immune Deficiency Syndrome', 즉 '후천성 면역 결핍증'의 약자이다. 미국과 프랑스는 오랫동안 이 병을 서로 먼저 발견했다고 우선권 주장을 해 왔다. 프랑스의 학자가 더 먼저 발견했다면 이 병은 프랑스어로 명명되어야 할 것이다. 두 나라는 오랫동안 격렬한 논쟁을 벌인 끝에, 2002년 말 두 나라 학자들의 공로를 모두 인정하는 쪽으로 합의를 보았다.

에이즈 발견 초기에 미국의 의사들은 이 새로운 병이 의약품 남용이나 마약 복용의 결과로 발병하는 것으로 생각했다. 하지만 곧 그렇지 않다는 것이 밝혀졌다. 건강했고 마약을 복용한 적도 없는 사람이 수혈 후에 에이즈에 걸렸다. 조사 결과 헌혈을 한 사람이 에이즈 감염자임이 판명되었다. 이 일을 계기로 에이즈가 감염성 질병이라는 것이 밝혀졌다.

그러나 한동안은 이 새로운 바이러스가 어떤 성질을 지니고 있는지 몰랐기 때문에 HIV에 감염된 사람의 수혈을 받은 많은 환자들이 에이즈에 걸렸다. 수천 명의 사람들이 그런 일을 당했고 죽음에 희생되었다. 특히 수혈에 의존할 수밖에 없는 혈우병 환자들의 피해가 컸다.

당시 현대 의학은 "모든 감염성 질병을 정복했다."고 큰 소리를 치고 있었다. 그러나 에이즈는 그것이 얼마나 큰 착각이었는지를 보여 주었

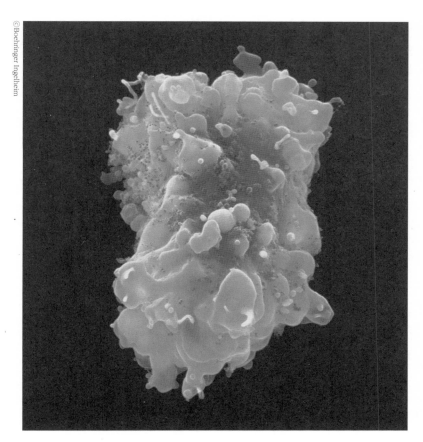

죽음의 바이러스. 최신 전자 현미경으로만 볼 수 있다.

다. 에이즈는 그 어떤 약품으로도 치료되지 않았다. 에이즈는 모든 것을 다시 시작하게 만들었다. 그나마 다행인 것은 그동안 이 미세한 바이러스를 눈으로 확인할 수 있는 전자 현미경이 개발되었다는 것이다. 그러나 이를 물리칠 치료약이 개발되기까지는 아주 오랜 시간이 필요할 것으로 보인다.

　HIV가 특히 위험한 것은 HIV에 감염된 사람으로 하여금 처음에는 독감(인플루엔자)에 걸린 줄로 오해하도록 하기 때문이다. 열, 두통, 피로, 림프선이 붓는 증세, 근육통, 설사 등 여러 가지 감기몸살 증세가 나타난다. 바이러스 감염은 이런 증세가 나타나기 몇 주 내지 두세 달 전에 이루어진 것으로 추정된다. 이런 초기 증상은 치료하지 않아도 저절로 사라진다. 그후 다시 증상이 나타나기까지는 수년이 걸린다.

어떤 의사들은 평균 9년이 걸린다고 하고 어떤 의사들은 6~7년이라고 한다. 그것은 개인에 따라 다르며, 어떤 방식으로 감염되었는지와도 무관하다. 지역에 따라 다른 증세를 보이지도 않는다. 첫 증상이 나타난 후 바이러스가 영원히 잠자고 있는 것처럼 발병하지 않는 환자들도 있으나 그런 경우는 아주 예외적이다.

에이즈의 두 번째 단계는 기관지에 계속 염증이 생기는 것이다. 목과 가슴에 염증이 생겨서 환자는 계속 기침을 하게 된다. 또한 충분한 영양을 섭취하는데도 체중이 감소하게 된다. 입안에는 계속 궤양이 생기고(구강칸디다증) 신체의 여러 부분에서 피부 발진이 나타나 환자를 괴롭힌다. 폐렴도 동반한다. 이런 증상이 나타나면 아프리카 사람들은 자연 치료사에게서 지어 온 약을 먹는데 증상만 약간 호전될 뿐 약효는 나타나지 않는다.

세 번째 단계는 세계보건기구(WHO)가 정하고 있듯이 두 번째 단계에서 나타난 증상들이 더 이상 사라지지 않는 것이다. 감소된 체중은 더 이상 회복되지 않고 열과 설사가 몇 주간 지속된다.

마지막 네 번째 단계로 접어들면 환자는 피골이 상접한 상태로 음식을 받아들이지 못한다. 일시적으로 정신이 혼미해지기도 한다. 아프리카의 시골에서 이런 환자들은 대부분 숨을 헐떡이며 오두막에 누워 있을 수밖에 없다. 환자의 근황을 묻는 사람에게 가족들은 말없이 환자의 발바닥을 보여 준다. 발바닥은 피부 궤양의 흔적과 곪은 자국으로 덮여 있다. 곧 죽을 것이라는 의미다.

HIV 감염이 직접적인 사인으로 지목되는 경우는 드물다. HIV에 감염된 사람은 일찌감치 다른 병으로 인해 생을 마감하게 된다. HIV에 감염되어 면역 결핍이 생기지 않았더라면 너끈히 이겨낼 수 있을 병들을 이겨내지 못하기 때문이다. 사하라 이남 아프리카에서 에이즈 환자들의 직접적인 사인이 되는 병은 주로 말라리아와 결핵이다. 그러나 방광염 같은 가벼운 질병도 에이즈 환자들에게 치명적일 수 있다.

현재 에이즈 감염 사실을 빨리 확인할 수 있는 여러 가지 검사법이 개발되어 있는 상태다. 이런 검사법을 개발하는 와중에 HIV가 얼마나 음험한 바이러스인지가 속속 드러났다. HIV에 감염되면 처음에 독감과 비

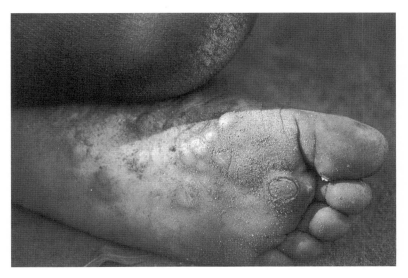

진행된 면역 결핍. 발만 이런 게 아니다.

숫한 초기 증상이 나타난 후 휴지기가 찾아온다. 바이러스들이 우선은 인간 신체의 자연적인 면역력과 싸워 이겨야 하기 때문에 혈액 속에서 빠르게 증식하지 않는 것이다.

이렇게 발생한 휴지기는 약 6개월간 계속된다. 평소 라틴어나 그리스어 전문 용어를 가져다 붙이기 좋아하는 의사들은 이런 휴지기에는 예외적으로 모든 사람이 쉽게 이해할 수 있는 이름을 붙였다. '창문(Window)'이라고 말이다. 이때도 바이러스가 건강한 면역세포들을 파괴하고 있지만 이런 창문기(Window Period: 항체미형성 기간)에는 에이즈 테스트를 해도 양성 반응이 나오지 않는다. 창문기는 보통 4~6주간 계속된다.

이 기간에는 이미 HIV에 감염된 사람도 '건강하다'는 판정을 받고 집으로 돌아가게 된다. HIV 검사는 혈액 속의 정상적인 백혈구 중 특히 CD4 T림프구(세포)의 수를 셈으로써 이루어진다. 정상인의 경우 혈액 속의 CD4 T림프구는 1세제곱 밀리미터 당 800~1200 정도 된다. 그런데 창문기에는 CD4 T림프구의 수가 HIV 양성으로 판정될 만큼 급격하게 줄어들지 않는다. 1세제곱 밀리미터의 혈액 속에 CD4 T림프구의 수가 200 이하(CD4 T림프구의 비율이 14퍼센트 이하)로 떨어질 때 양성 판정이 내려진다. 그러니 환자가 현재 창문기인지 아닌지를 구분하는 것은 불가능하다. 타액을 이용한 속성 검사법도 개발되었지만 창문기의 환자를 변별해 낼 수 없는 것은 여전하다.

검사를 받으러 온 사람이 감염 가능성이 있는 섹스를 마지막으로 한 것이 언제인지를 정확히 알아내기란 여간 힘든 일이 아니다. 누구도 자신의 사생활을 섣불리 발설하려고 하지 않기 때문이다. 더구나 아프리카에서는 보통의 경우 의사가 아닌 위생병이나 간호사가 에이즈 검사를 실시하므로 환자들은 더욱 마음을 열지 않는다.

매춘부, 남편이 바람을 피움으로써 자신이 에이즈에 감염되었다고 생각하는 화난 부인들, 임신을 계기로 남편에게 테스트의 필요성에 대해 누누이 설득하거나 단독으로 테스트를 감행하는 임산부를 제외하고는 환자와 의료진 사이의 심리적 장벽은 극복되기 힘들다.

그러므로 좀 더 명확한 결과를 얻기 위해서는 1차 검사 후 음성 판정을 받았다 하더라도 늦어도 6개월 후에는 다시 한 번 검사를 받아야 한다. 이것은 아프리카에만 해당되는 이야기가 아니다. 그러나 아프리카에는 에이즈 검사를 받을 수 있는 병원들이 드문 나머지 먼길을 감수하고 재검사를 받으러 오는 사람은 극히 드물다.

아프리카에서 한 번 병원을 찾았던 사람은—병원이라고 해야 고작 임시 클리닉이지만—다시 병원에 가야 할 필요성을 느끼지 못하고 그대로 집에 있는 경우가 많다. 또한 검사가 무료라는 사실을 누누이 강조해야 한다. 한 번 돈을 내고 힘들여 검사를 받았던 사람은 다시 검사를 받고 싶어 하지 않는다. 검사비라는 것이 서구 사람들이 볼 때는 아주 적은 금액일지라도 말이다. 그밖에도 에이즈에 걸리는 것을 창피하게 생각해서 검사를 받고도 결과를 보러 오지 않는 사람들이 많다. 양성 판정을 받을까봐 두렵기 때문이다. 아프리카에서만 있는 일이 아니다. 미국에서도 그런 일이 비일비재하다.

지금까지 사하라 이남 아프리카에서만 약 3,000만 명이 HIV에 감염되었다. 아무리 언론에 길들여져 있어서 돈이건 사람이건 백만 단위는 우습게 여겨진다 해도 3,000만이라는 수는 정말 어마어마한 숫자다. 식민지 시대에 뒤이은 아프리카의 새로운 시대는 에이즈와 떼려야 뗄 수 없다. 훗날 역사가들은 이 시대를 에이즈 시대라 부를 것이고 아프리카인들 누구도 그 수많은 죽음들을 떠올리고 싶어 하지 않을 것이다.

아프리카인들은 백인들의 지배에서 벗어나자마자 에이즈를 통해 자신들이 얼마나 낙후된 곳에 살고 있는지를 뼈저리게 느꼈다. 지구 한쪽에서는 과잉 공급이라는 이야기가 나올 정도로 의사와 현대적인 의료 시설을 갖춘 병원이 많다. 그러나 아프리카 평원에는 100킬로미터 반경에 의사 한 명 있을까 말까다.

밀림 병원의 의사 한 명을 찾아갔다. 그는 환자의 숨소리를 듣기 위해 귀를 환자의 가슴에 대야 한다. 청진기가 없기 때문이다. 그가 보유한 최고의 의료 도구는 체온계다. 의사 월급은 한 달에 70달러. 책임 기관인 보건복지부에서는 단순한 의약품마저 거의 보내 주지 않고 있다. 그나마 보내 주는 것은 금방 동이 난다. "약품이 동이 나면 약도 없이 환자를 집에 돌려보내야 합니다. 의학박사면 뭐합니까." 그는 그렇게 탄식한다. 당연히 그의 병원에서는 에이즈 검사도 할 수 없다. 아프리카 국가들은 이제서야 에이즈 검사 센터들을 건립하고 있다.

이런 열악한 상황을 국제 사회에 알리고 대책을 마련하기 위해 에이즈 회의가 개최되고 있다. 그 중 가장 큰 규모의 행사는 유엔이 주체하는 국제에이즈회의다. 전에는 회의라고 해 봐야 빈약한 인쇄물이 분배되는 수준에 그쳤지만 이제는 800명의 기자들이 자료를 담아 갈 수 있는 세련된 검정 가방까지 지급되고 있다. 쇼핑백처럼 커다란 이 가방은 기자증만큼이나 회의에 필수적인 물품이 되었다. 바르셀로나에서 열린 제14회 유엔국제에이즈회의에서 배분된 자료를 간단히 옆구리에 끼고 나갈 수 있는 사람은 아무도 없었기 때문이다.

바르셀로나 에이즈회의에서 배분된 자료의 무게는 거의 6.5킬로그램에 육박했다. 자료의 양을 줄이느라 부분적으로는 깨알 같은 글씨로 인쇄했는데도 말이다. 유엔은 에이즈에 대한 공공의 관심을 끌기 위해 2년 간격으로 국제에이즈회의를 열고 있다. 회의에 참가하는 인원은 웬만한 소도시 인구에 필적할 만큼 많다. 이 회의는 매번 나라를 바꾸어 가며 개최되는 국제 행사다. 2000년 회의는 남아프리카 공화국에서 열렸고, 2002년에는 바르셀로나에서, 2004년에는 태국 방콕에서 열렸다.

총 1만 4,000명의 대표들이 바르셀로나 국제에이즈회의에 참석했다. 바르셀로나에서의 에이즈에 대한 중간 결산은 무엇보다 아프리카 사람들에게 희망을 갖게 했다고 전해진다. 돈이 행복을 가져다주지는 않지만 안정을 가져다준다는 모토하에 부유한 나라들이 가난한 나라들에게 다시 한 번 자금 지원을 약속했기 때문이다. 바르셀로나에서는 처음으로 개발된 에이즈 약품 가격에 대한 토론도 활발하게 이루어졌다. 에이즈 자체를 치료하지는 못하지만 면역 결핍을 어느 정도 저지할 수 있는 의약품들이다.

바르셀로나 회의를 통해 유엔은 저개발 국가의 에이즈, 말라리아, 결핵을 퇴치하기 위해 선진국들이 매년 100억 달러를 내야 하는 '글로벌 펀드'에 더 많은 지원을 요청했다. 그러나 저개발 국가들이 내전을 종결하고 무기 구입에 국고를 탕진하지 말아 달라고 호소하지는 않았다. 그런 호소는 정치적인 이유에서 배제되었다. 또한 돈을 내야 하는 나라들은 자국의 납세자들을 고려하여 매우 소극적인 태도를 취했다.

에이즈의 중간 결산에서는 20년 전 에이즈가 발견된 경위와 약품 개

바르셀로나에서 열린 국제에이즈회의(2002).

발 과정에 대해서도 보고되었다. 사실 결핵과 콜레라 치료에 혁혁한 공을 세우며 세균학의 창시자로 알려진 로베르트 코흐(Heinrich Hermann Robert Koch, 1843~1910년)나, 페니실린을 발견하여 항생제의 시대를 연 알렉산더 플레밍(Sir Alexander Fleming, 1881~1955년), 또는 소아마비 백신을 발견한 솔크(Jonas Edward Salk, 1914~1995년) 박사처럼 한 사람의 연구자가 걸출한 발견을 하던 시대는 오래전에 지나갔다.

에이즈의 경우는 개별적인 의사의 이름을 언급할 수 없다. 기껏해야 커다란 제약 회사의 이름을 언급할 수 있을까. 1981년 여름, 로스앤젤레스에서 희귀한 폐렴을 앓다가 죽은 몇몇 동성애자의 죽음을 철저하게 조사한 것은 한 명이 아닌 여러 명의 미국 의사들이었다. 이 의사들은 이들 동성애자들의 죽음을 면역 결핍으로 결론짓고 학술 잡지에 연구 결과를 실었다. 그러자 학계에 커다란 반향이 일었다. 면역 결핍의 새로운 사례들이 알려졌고 의사들은 이 질병을 에이즈라 칭했다.

에이즈를 유발하는 바이러스가 발견된 것은 1983/84년 일군의 프랑스 의사들에 의해서였다. 미국 의사들도 거의 동시에 바이러스를 발견했다. 그리고 그 바이러스에 HIV라는 이름을 붙였다. 선진국 학자들은 이 치명적인 바이러스가 어디에서 유래하는지에 대해 빠르게 의견 일치를 보았다. 원숭이의 피에 비슷한 바이러스가 있었던 것이다. 자연적인 숙주인 원숭이한테는 치명적인 면역 결핍을 유발하지 않는 바이러스였다.

그 바이러스가 원숭이에게서 인간으로 옮겨 오게 되면서 치명적으로 바뀌게 된 듯했다. 현재 에이즈 환자의 대부분이 감염되어 있는 바이러스인 HIV1은 침팬지에게 존재하는 바이러스다. HIV2도 발견되었다. 이 바이러스는 주로 서아프리카에서 나타나는 바이러스로 치명적인 건 마찬가지다. 하지만 전염 속도가 빠르지는 않다. HIV2는 망가베이원숭이가 원인인 것으로 알려져 있다. 망가베이원숭이는 날씬하고 긴 꼬리를 가졌으며 눈꺼풀과 눈 가장자리가 하얀 원숭으로 꼬리감는원숭이라고도 불린다.

에이즈에 관한 일화 중 다음과 같은 이야기가 있다. 어떤 축구 선수가 에이즈에 감염되었는데 이어 다른 축구 선수에게 그것을 옮겼다. 둘 다 다리에 피가 흐르는 상처를 입었는데 경기 도중 둘이 충돌하면서 상처가 맞닿았고 그만 바이러스가 옮겨지고 말았던 것이다. 이 일화가 사실이라면 아프리카인들이 침팬지를 사냥하는 중에 바이러스에 감염되는 것도 가능한 일일 것이다. 그로써 에이즈가 어떻게 인간에게 침입했는지 추측할 수 있다. 하지만 전에는 왜 그런 일이 없었는가 하는 의문은 여전히 남는다.

아프리카 침팬지와의 첫 만남은 생각보다 특별하지 않았다. 빅토리아 호수 북쪽, 인접국들이 서로 만나는 국경 지대의 큰길 가에서 크고 위엄 있는 원숭이들이 귀여운 새끼 원숭이들과 함께 갓 버려진 쓰레기를 뒤지고 있다. 그 옆에는 노동자들의 오두막이 위치해 있다. 이곳 사람들도 간혹 침팬지를 사냥하고 생식하기도 하지만 아프리카 서쪽 지방에 비해서는 훨씬 덜한 편이다.

아프리카 사람들은 유럽에서 노루나 사슴을 사냥하듯이 원숭이와 다른 동물들을 사냥한다. 이곳 빅토리아 호숫가에서 화물차 운전사들은 연신 침팬지들에게 바나나를 던져 준다. 원숭이들은 바나나를 맛있어 하는 듯하다. 지천에 깔린 바나나는 거의 공짜로 먹을 수 있다.

HIV에 감염된 아프리카인들이 최초로 발견된 것은 행정 구역상으로

서아프리카 사람들은 유럽 사람들이 노루를 사냥하듯 비비를 사냥하여 고기를 날로 먹는다. 이런 경로를 통해 에이즈에 감염되었을 가능성이 있다. 비비도 HIV를 가지고 있기 때문이다.

탄자니아에 속한 빅토리아 호수 부근이었다. 유럽이나 미국보다 늦은 시점이었다. 그러나 원숭이와 에이즈와 인간이라는 주제로 대화하고 싶어 하는 아프리카인을 만나기는 힘들었다. 내가 만난 사람들 중 에이즈가 왜 하필이면 아프리카에서 시작되었다는 것인지에 관심을 갖는 사람은 아주 극소수에 불과했다.

어떤 일이 있으면 그 원인에 대해 토론이 분분한 독일과 달리 아프리카 사람들은 오늘과 내일에 대해 이야기하는 것으로만 만족한다. 에이즈에 대해서도 마찬가지다. 누군가 에이즈에 대해 아프리카 사람들에게 책임을 전가하려는 인상을 받으면 그들은 논쟁하지 않고 아프리카 사람의 시각으로 에이즈에 책임이 있는 사람들의 이름을 똑똑히 말해 준다. 아프리카인들이 볼 때 에이즈에 책임이 있는 사람들은 바로 미국인들이다.

나는 빅토리아 호수 부근의 한 도시로 아프리카의 저명한 의사를 찾아갔다. 그 의사는 내가 에이즈와 침팬지에 대해 이야기하기 시작하자 어안이 벙벙한 듯 나를 바라보더니 그것은 의학적인 문제가 아니라 정치적인 문제이며 그 문제는 오래전에 풀렸다고 대답한다. "나는 1983년 아프리카 최초의 에이즈 환자들을 발견했어요. 처음엔 결핵인 줄 알았지요. 그러나 결핵이 아니었어요. 그후에 나는 영국의 한 의학 잡지에서 에이즈에 대한 기사를 읽게 되었어요. 그리고는 즉각 정부에 알렸지요." 그는 우월감에 찬 미소를 지으며 말을 이었다. "미국에는 오래전부터 에이즈가 있었어요. 그것은 확실해요. 그쪽이 먼저였어요. 그들이 에이즈를 우리에게 옮긴 것이죠. 그건 가타부타 할 필요도 없는 엄연한 사실입니다."

많은 아프리카인들은 그렇게 확신한다. 아프리카인들의 시각에 의

하면 이전의 식민 정권은 가난과 더불어 에이즈가 이렇게 끔찍하게 퍼지게 된 원인이 식민 정권의 유산에서 기인한다는 사실을 은폐하고자 원숭이와 에이즈를 자꾸만 연관시켜 검은 대륙의 오명을 부채질한다고 한다. "유럽의 아이들은 동물원의 침팬지를 좋아합니다. 우리 속에 갇힌 침팬지들을 아주 귀여워하지요. 그 아이들에게 흑인들은 침팬지를 사냥해서 날로 먹는다고 얘기해 보세요. 어떻게 될까요? 아이들에게 아프리카인들은 더할 나위 없는 야만인으로 비춰지겠죠."

에이즈가 아프리카의 원숭이로부터 발생했는지, 아니면 아메리카에서 유래했는지, 에이즈와 원숭이를 주제로 한 공개 토론은 열리지 않는다. 그런 토론은 열리지 않을 것이다. 아프리카인들에게는 그보다 훨씬 당면하고 급한 대화 주제들이 있으니까.

약, 그리고 약값

케냐의 나이로비 과학 연구소 소장은 제스처를 아주 크게 한다. 오른손으로 책상에 놓여 있던 작은 검정 가방을 높이 들어올려 머리 옆쪽에서 이리저리 흔들어 대면서 왼손으로는 자신의 말을 강조하려는 듯한 손짓을 한다.

"뵈링거가 이번 해에 우리에게 보내 준 약은 이 작은 가방에 다 들어갈 정도입니다." 그는 목소리를 높인다. "어찌된 일입니까? 5년 동안 무상으로 약을 지급하겠다던 약속이 어떻게 지켜지고 있는지 보십시오." 뵈링거 잉겔하임(Boehringer Ingelheim)은 HIV에 감염된 엄마로부터 아기에게 바이러스가 옮겨지는 것을 막을 수 있도록 100개가 넘는 나라에게 5년 동안 바이라문(Viramune)을 무상 지원하겠다고 약속했다. 뵈링거 잉겔하임이 무상 지원을 약속한 나라 중에는 아프리카에 속한 나라들이 많다.

소장은 꽤나 연습을 많이 한 듯하다. 그는 자신의 논지가 설득력이 있다는 걸 알고 있다. 하지만 사정을 알고 보면 그건 반쪽짜리 진실이다.

사실 소장은 별로 좋지 않은 예를 골랐다. 뵈링거 잉겔하임이 제공하기로 한 에이즈 약 바이라문은 임산부가 한 번만 복용하면 최소한 신생아에게 바이러스를 옮기는 것은 막을 수 있다. 신생아에게도 신생아용 보조제를 한 번 흘려 넣어 주면 끝난다.

따라서 뵈링거 잉겔하임은 이 약이 대량으로 필요할 것이라는 생각은 애초부터 하지 않았다. 또한 어느 정도의 양이 제공되어야 하는지는 각국의 정부 보고에 달려 있다. 임산부가 HIV 검사를 거의 받지 않거나 케냐처럼 국민들에게 검사 기회조차 제대로 부여하고 있지 못한 나라라면 연구 소장의 가방은 텅 비게 되는 것이 당연하다. 더욱이 임산부들이 돈을 지불하고 에이즈 검사를 받아야 하는 실정이라면 누가 에이즈 검사를 받겠는가. 케냐뿐 아니라 아프리카 전체가 비슷하다.

뵈링거 잉겔하임은 아프리카 각국과 협정을 맺을 때 의약품이 사용되지 못하고 남아 있는 일이 없도록 하겠다는 약속을 미리 받는다. 만약에 그것이 지켜지지 않을 경우 약을 공항에서 곧장 유럽으로 다시 실어 가겠다는 것이다. 에이즈 약이 아프리카의 암시장에서 밀거래 되는 것을 막기 위해서이다. 바이라문은 아니었지만 다른 에이즈 약이 밀거래되었던 적이 이미 있었다.

2002년 여름을 기준으로 뵈링거 잉겔하임이 도매상에 파는 에이즈 치료약 바이라문 한 정의 가격은 4유로다. 마인츠 약국에서는 60정 한 상자가 438.60유로에 판매된다. 따라서 한 정 당 7.30유로인 셈이다. 제약 회사에서 도매상을 거쳐 소비자에게로 오는 동안 약값이 거의 배로 뛰는 것이다. 그런 매매 차익으로 가장 큰 이득을 보는 것은 약국이다.

바이라문은 원래 네비라핀(Nevirapine)이라는 의약품에 제약 회사가 붙인 상품명이다. 부작용이 적어 미국 국무부에서도 추천하고 있는 이 약은 MTCT(Mother to Child Transmission), 즉 엄마로부터 아기에게 바이러스가 전달되지 않도록 하는 프로그램에 투입될 뿐 아니라(이것은 단한 정의 복용이면 가능하다), 일반적인 치료제로도 쓰인다. 에이즈 환자는 전문의의 지시에 따라 다른 치료제와 더불어 처음 14일 동안은 하루에 한 정, 14일 이후에는 하루 두 정의 바이라문을 복용한다.

아프리카의 수만 명의 아이들을 에이즈에서 구해 줄 이 기적의 약 바이라문은 독일에 본사를 둔 다국적 제약 회사인 뵈링거 잉겔하임이 미국 학자들에게 연구를 위임하여 개발한 약이다. 처음에는 비용이 많이 투자되었던 이 연구가 어떤 결과를 가져올지 아무도 알지 못했다.

미국인들이 네비라핀/바이라문을 개발하기까지의 이야기를 기록한 책은 거의 탐정 소설 같다. 미국 의사들은 수백 번의 실험을 거치며 계속 시험관을 들여다보았지만 결과는 늘 실패였다. 그러다가 한 동료가 우연히 연구의 진척을 보게 되었다. 실험용 쥐들은 이 연구에서 아직도 부차적인 역할만을 감당하고 있으며 연구자들 서로 간의 접촉이 중요한 역할을 하고 있다.

그러나 한 정에 4유로인 바이라문 가격은 대도시의 극소수 부유층을 제외한 대부분의 아프리카 환자들에겐 꿈도 못 꿀 천문학적 금액이다. 게다가 신생아의 입에 흘려 넣어 주어야 하는 아기 약값도 추가된다. 이런 상황에서 이 약을 무상으로 지원하겠다는 뵈링거 잉겔하임의 결정은 항레트로바이러스(Retrovirus: 단일사슬 RNA 속에 유전 정보를 가지고 있는 동물 바이러스. HIV는 레트로바이러스 즉 RNA바이러스다. 이 바이러스가 증식하기 위해서는 RNA를 복제하여 DNA를 만들어야 한다. 일반적으로 생물체는 DNA가 있어야 복제할 수 있기 때문에 HIV는 RNA를 DNA로 바꾸는 과정을 인간의 T세포 안에서 하게 되는데, 이 과정에서 면역계에 손상을 주게 된다. — 역자 주) 약물 가격의 전반적인 하락의 신호탄으로 보인다.

'항레트로바이러스'는 어려운 말이다. 그러나 이런 약을 지칭하기에 이보다 적확한 표현은 없다. 처음에 이런 약들이 개발되었을 때 이 귀중한 에이즈 약을 제약 회사들이 저렴하게 팔아야 한다는 의견이 더 우세했다.

그러나 제약 회사는 구호 조직이 아니었다. 그리하여 새로 개발된 에이즈 약품 가격을 둘러싸고 논쟁이 시작되었다. 이 논쟁의 정점은 의약품 제조자들이 기업을 경제적인 관점에서 운영할 것인지 아니면 결산이나 회계 감사 기관이 아니라 사랑하는 하느님을 염두에 두고 행동해야 하는가였다. 제약 회사들은 궁지에 몰렸다.

처음으로 면역 결핍 제제를 손에 넣는 데 성공한 미국 제약 회사들은 상응하는 보상을 받고자 했으며 언제나 제때에 새로운 약을 개발함으로써 공공의 유익을 구하는, 공공 보건은 안중에도 없는 듯이 행동했다.

그들은 저개발 국가의 수백만의 빈민들이 기다렸던 에이즈 약에 어떤 약보다 비싼 가격을 매기기를 원했다. 처음에는 에이즈 약이 왜 그리 비싸야 하는지 설명이 없었다. 그러다가 나중에 이런 높은 가격의 근거로 연구비와 개발비가 많이 들었으며 약품의 제조 과정이 다른 약보다 복잡하기 때문에 제조 단가가 높다고 설명하였다.

에이즈 약은 화학적으로 세 가지 그룹으로 분류된다. 이 세 그룹 모두 HIV 자체를 퇴치할 수는 없지만 최소한 면역 결핍 현상을 억제하여

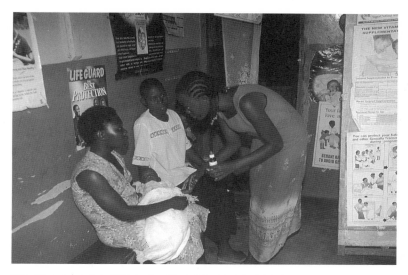

병원이라고 해서 언제나 의약품이 있는 것은 아니다. 간호사가 엄마에게 돈을 요구하면 새로운 문제가
발생한다.

기회 감염(Opportunistic Infection: 건강한 사람에게는 감염증을 잘 일으
키지 않으면서 면역 기능이 감소된 사람에게는 심각한 감염증을 일으키
는 질환. 2차 감염이라고도 한다.)을 통제함으로써 HIV에 감염되기 전처
럼 생활하게 하는 데 기여한다. 에이즈 환자에겐 세 그룹의 약품을 꼭 함
께 투여해야만 효과적이다. 세 가지 약을 함께 복용한다 하여 '3중약 요
법(Triple-Drug Therapy)' 이라 불리기도 한다. 환자는 살아가는 동안 이
약들을 계속 복용해야 한다. 그러나 현재 이런 약들도 원래 기대와는 달
리 효과가 오랫동안 지속되지는 않는다. 의사들은 이런 약물이 생각했던
것과는 달리 질병의 진행을 잠시만 늦출 따름이라고 말한다. 독일에서는
지금까지 17종류의 에이즈 약물의 시판이 허용되고 있다.

　미국 제약 회사들이 에이즈 약물에 높은 가격을 매긴 이래 에이즈와 같은 치명적인 질병에서 제약 회사들이 도덕심 없이 영리만 추구한다는 비난은 끊이지 않았다. 처음 미국 제약 회사들은 일부에서 그러다가 말겠지 했지만 이런 비난은 세계적으로 확산되었다. 그 틈을 타 아프리카 정부는 다시 한 번 아프리카의 기아와 가난에 주의를 환기시키며 국민들을 위해 비싼 약값을 지불할 수 없음을 강조했다. 아프리카 정부의 이런 호소는 전반적인 이해를 얻었다.

미국 제약 회사들은 심지어 미국 내부에서도 탐욕적인 이윤 추구를 한다는 비난의 화살을 받아야 했다. 비판가들 중 동성애로 인해 HIV에 감염된 의사들의 고백이 가장 공감을 샀다. 그들은 자신들이 돈을 못 버는 실업자들이 아닌데도 약 값을 대다 대다 빈털터리가 되어 이제는 에이즈 치료제를 살 수 없는 지경까지 이르렀다고 말했다.

에이즈 치료제 개발 초기 미국에서 한 종류의 에이즈 약 일 년 치를 사는 데 드는 비용이 1만 달러였다. 3중약 요법을 위해서는 일 년에 3만 달러의 비용을 지불해야 한다는 계산이 나온다. 그나마 약 값은 이제 반 이상 하락했다.

독일에서는 2002년 여름을 기준으로 HIV 감염 환자의 한 달 의료비가 2,000에서 3,000유로로 조사되었다. 약값뿐 아니라 면역 결핍으로 동반되는 감염성 질병의 치료에 드는 비용까지 포함해서 말이다.

그렇다면 아프리카는 어떤가? 아프리카와 관련해서는 평소에 결코 말이 막히는 법이 없는 '국경없는의사회' 사람들도 요즘은 말을 자제하고 있다. 유명 제약 회사들이 태도를 급격히 변경했기 때문이다.

제약 회사는 이제 에이즈 약을 아프리카에 최저 가격으로 팔 용의가 있다. 80, 85 심지어 90퍼센트 할인된 가격으로 말이다. 그 전제는 아프리카 정부가 자기들 제약 회사의 특허권을 존중해 주는 것이다. 제약 회사들이 이렇게 태도를 변경하게 된 데는 이유가 없지 않다.

제약 회사들은 무엇보다 부정 경쟁을 막고자 했다. 제약 회사와 아프리카 정부가 새로운 협상을 하기에 앞서 인도와 브라질이 복제한 의약품을 원하는 사람들에게 믿을 수 없을 정도로 싸게 공급하겠다고 나섰던 것이다. 싸게 공급하는 것은 간단하다. 에이즈 연구 결과가 세계적으로 공개되었고 약물 제조법에 관한 정보도 누구나 접근할 수 있으므로 선진국에 뒤지지 않는 엔지니어와 전문의 인력을 갖춘 인도와 브라질은 손쉽게 복제 의약품을 만들 수 있는 것이다. 새로 개발된 약품이 어떻게 구성되는지를 알고 그대로 따라하면 된다. 약품 제조에 필요한 기술적인 도구와 화학 물질은 선진국에서 구입한다. 그들은 특허권 같은 것은 상관하지 않는다.

인도의 제약 회사들은 서구의 제약 회사들에 대항해 가격 전쟁을 서슴지 않을 것이라고 선언하고 있다. 그들은 미국의 제약 회사에 비할 수 없는 가격 경쟁력을 가지고 있다. 가격을 대폭 낮출 수 있는 것이다. 하지만 아프리카 정부와 제약 회사의 협상이 성공적으로 체결되면 인도와 브라질의 가격 경쟁력은 별로 쓸모가 없게 된다. 인도와 브라질의 해당 의약품 반입이 금지될 것이기 때문이다.

특히나 3중약 요법에 들어가는 의약품인 프로테아제(Protease: 단백질분해효소) 억제제는 매우 복잡하게 구성되어 있어서 한동안 인도와 브라질에서 그 약품을 복제할 수 없었다. 이런 상황은 세 종류의 약물을 동시에 복용할 때만 에이즈 치료에 효과를 볼 수 있는 환자들에게 치명적일 수 있었다. 그러나 그동안 인도와 브라질도 프로테아제 억제제를 제조하는 데 성공했다. 이 사실은 후진국의 에이즈 환자들에게 영향을 미칠 것이다. 특히 어쨌든 싼 약을 우선할 수밖에 없는 아프리카에서는 말이다.

이들 국가의 특허법 위반을 세계가 눈감아주고 있는 데는 그만한 이유가 있다. 유엔은 HIV에 감염된 3,000만 명에 육박하는 아프리카인 중지금까지 겨우 5만 명만이 에이즈 약을 복용하고 있다고 말한다. 2002년 기준으로 약 0.00166퍼센트에 불과한 수치다. 그들은 부자들이거나 의사들의 임상 실험 대상이 되는 사람들이다. 미국과 유럽의 에이즈 환자들은 에이즈 전문 의료진에 의해 치료를 받는다. 그러나 아프리카에 에이즈 전문 의료진은 없다. 아프리카 의사들 중에는 오히려 에이즈 치료를 위해 별 다른 전문 지식을 가질 필요가 없다고 주장하는 사람들도 있다.

의견이 어떻든 간에 아프리카에는 에이즈 전문 의료진은 고사하고

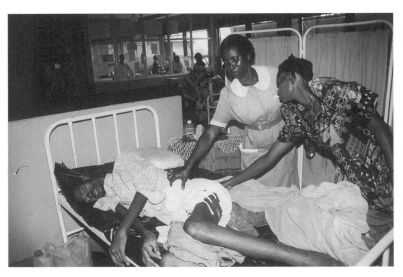

면역 결핍이 진행된 남편. 대소변을 가릴 수 없는 그는 병원의 비닐로 싼 매트리스 위에 누워 있다.

의사 자체가 너무 적다. 유럽의 경우 환자들을 3중약 요법으로 치료하면서 항레트로바이러스 약물을 투여하는 동안 에이즈 전문의들이 끊임없이 환자들의 상태를 주시한다.

또한 치료를 하기 전에 환자의 상황에 따라 약물을 어떻게 혼합 투여할 것인지를 심사숙고하여 결정한다. 새로 출시된 약물의 부작용에 대해 우리는 거의 알고 있지 못하다. 이런 의약품들에 대한 허가가 너무 빨리 났기 때문이다. 그래서 최근에는 HIV 의약품을 공인하기 전에 해당 기관에서는 이전에 비해 약물에 대한 더 많은 정보를 요구하고 있다.

현재 인도에서 제조된 에이즈 약 일 년 치의 비용은 미화로 350달러 정도이다. 인도는 필요한 경우 가격을 더 낮추겠다는 입장이다. 약을 복제하는 데는 연구 개발비가 들지 않으니까 말이다. 유럽과 미국의 전문가들은 프로테아제 억제제의 제조 과정이 매우 복잡하기 때문에 복제 약품을 제대로 만들 수 없다고 이의를 제기하고 나섰다. 수년간 프로테아제 억제제의 복제 약품이 존재하지 않았던 것이 이를 증명해 준다는 것이다. 그들은 또한 인도와 브라질의 싸구려 복제 약품 전문가들에게 약품 제조에 필요한 정확성을 계속해서 기대할 수 있는가에 의문을 표명하고 있다. 아무도 장담할 수 없는 일이다.

서구 제약 회사들은 이제 아프리카에는 싼 가격으로 약품을 납품하고 이곳에서 발생한 손실을 선진국에서 상쇄시키고자 하고 있다. 그러나 가격에 대한 이런 열띤 논쟁은 오히려 아프리카의 다른 열악한 상황들을 주목하지 못하게 만드는 측면이 있다. 사실 아프리카에서 에이즈 치료를 힘들게 하는 것이 비싼 약값만은 아니다.

우리가 너무나 당연하게 여기다 보니 미처 생각하지 못하는 소소한 문제들이 또 있다. 사하라 이남 아프리카의 에이즈 환자가 새로 생긴 에이즈 진료 센터까지 걷고 또 걸어 일주일분 또는 그 이상의 약을 받아 온다고 하자. 진료소에서는 이 약들을 서로 다른 비닐봉지나 약병에 분류해 줄 것이다. 종류가 많아 그렇게 하지 않으면 구분이 불가능하니까 말이다. 자, 이제 자신의 오두막으로 돌아온 환자는 그 약들을 어디에 보관할 것인가? 보관할 만한 장도, 상자도, 선반도 없다!

약들을 요리할 때 쓰는, 하나밖에 없는 통에 넣어 두지 않을까? 그러면 아이들이 이런 알약을 발견하고 가지고 놀다가 재미삼아 먹어 버리지 않을까? 이 시대 아프리카의 많은 엄마 아빠들은 학교 근처에도 가보지 못한 문맹자들이다. 그것이 누구 책임인지를 따지는 것은 소용없는 일이다. 그들 중 많은 수가 읽지도, 쓰지도, 숫자를 세지도 못한다. 이런 것들은 그들의 일상 생활에 큰 영향을 미치고 있다.

열렬한 사회사업가인 이집트 안와르 사다트 대통령의 부인이 카이로에서 유럽 외교관 부인들이 참석한 가운데 산아 제한 캠페인을 했었다. 그때 그녀는 예감하지 못했던 어려운 일들과 부딪히게 되는데 그 중 하나가 피임약 복용에 관한 것이었다. 피임약을 매일 하나씩 먹으라는 지시를 받은 북이집트의 여자들이 잊어버리고 안 먹는 날이 있을까봐 일주일 치나 한 달 치를 세어 한꺼번에 먹어 버리곤 했던 것이다.

아프리카에서도 에이즈 약을 한꺼번에 먹어 버리는 일이 얼마든지 있을 수 있다. 물론 에이즈 약을 한꺼번에 먹어 버리면 죽는다. 약들이 아주 독하기 때문이다. 에이즈 약에 정통한 한 의사는 내게 "우리는 바알세불(사탄)의 힘을 빌려 귀신을 몰아내는 격입니다(마태복음 12장 27절: 또 내가 바알세불을 힘입어 귀신을 쫓아내면 너희 아들들은 누구를

슬픈 가족. 전직 경찰이었던 남편은 두 아내에게 에이즈를 전염시켰다. 그리고 엄마들은 아이를 감염시켰다. 이제 면역 결핍 증상이 나타날 때까지 기다리는 수밖에 다른 방법이 없다.

힘입어 쫓아내느냐. 그러므로 저희가 너희 재판관이 되리라)."라고 말했다. 즉 나쁜 것의 힘을 빌려 나쁜 것에 대처하고 있다는 것이다. 그러므로 특정 약을 지시된 양만큼, 지시된 시간에 복용하는 것이 중요하다. 이것 외에도 주의 사항은 많다.

전문의의 지시에 따라 환자는 하루 최고 36정의 약을 복용한다. 치료제가 개발되기 시작했던 초기보다는 많이 줄어든 숫자다. 약제들 중에는 한 정으로 통합된 것도 있기 때문이다. 대신 그동안 다양한 약들이 출시되었다. 에이즈 치료약은 계속해서 개발되고 있기 때문에 앞으로 어떤 약을 얼마나 복용하게 될지는 아무도 알 수 없다.

어떤 약은 100밀리그램짜리로, 어떤 약은 200이나 300밀리그램짜리로, 어떤 약은 150, 40, 혹은 0.75밀리그램짜리로 복용해야 한다. 제약 회사의 지시 사항은 너무도 복잡하여 환자들이 대체 이것을 기억할 수나 있을까 의심이 갈 정도다. 다양한 결합이 가능하다. 가령 하루 세 번 100밀리그램짜리 네 알씩에 하루 세 번 100밀리그램짜리 두 알씩, 거기에 또 하루 두 번 150밀리그램짜리 여덟 알씩, 또는 하루 두 번 100밀리그램짜리 여섯 알에 하루 세 번 100밀리그램짜리 두 알씩, 거기에 또 하루 세 번 150밀리그램짜리 네 알씩⋯⋯. 그러나 이것이 전부는 아니다.

똑같은 약을 늘 똑같은 시간에 복용하는 것도 아니다. 의사는 치료의 성패에 따라 약의 용량과 종류를 변경시킨다. 그러면 복용해야 하는 약에 따라 숫자도 변한다. 고등 교육을 받은 환자도 의사의 처방을 따르기가 쉽지 않다. 그러니 아프리카에서는 어떻겠는가?

환자가 약 복용을 잊어버리지 않도록 약을 복용해야 하는 서간에 벨이 울리는 약통도 발명되었다. 이 물건은 원래 나이든 당뇨병 환자나 암 환자를 생각하고 만들어진 것인데 에이즈 환자들에게 특히 도움이 된다. 유럽의 약국에서는 에이즈 환자들이 약을 사러 오면 이런 약통을 선물로 준다. 비싼 약을 사니 이 정도 선물은 받을 만하다.

그러나 아프리카 환자들에게 벨을 울려 약 시간을 알려주는 약통을 안긴다고? 그것은 상상만 해도 부조리극처럼 느껴진다. 다른 것은 차치하고서라도 상자의 배터리는 누가 갈아 줄까? 배터리를 살 돈은 누가 지불할까? 아이들이 굶고 있는 마당에 배터리를 먹을 것과 바꾸지 않을까? 무엇보다 의사의 엄격한 처방을 지키도록 누가 신경을 써 줄까?

약물 복용을 위한 지시 사항은 가령 다음과 같다. "식사시 또는 가벼운 간식과 함께 복용할 것.", "공복에 복용할 것. 식사하기 한 시간 전에 혹은 두 시간 후에 복용할 것." 시계가 없는 집에서는 어떻게 할까? "최소한 매일 1.5리터씩 마실 것", 혹은 "냉장 보관을 요함"……. 이 모든 것들이 아프리카의 정글에서 지켜질 수 있는 사항들일까?

독일의 한 일간지와 인터뷰를 한 어느 여자 환자는 자신이 1992년 HIV 테스트를 받은 이래 약을 중단한 2001년까지 5만 826알의 약을 삼켰다고 고백했다. 그리고 알약의 개수와 복용 시간을 대여섯 번 바꾸어야 했다고 했다.

아프리카의 현실에 빗나가는 제약 회사의 지시 사항을 한 가지만 더 언급하겠다. "환자가 약에 과민 반응을 보이면 즉각 투약을 중단해야 한다."라는 것 말이다. 인구의 80퍼센트가 살고 있는 아프리카의 시골 농가에서 이런 지시 사항은 너무나도 비현실적인 말이다.

약을 무상으로 지원하겠다고 했을 때 뵈링거 잉겔하임은 아프리카 정부들이 앞다투어 지원받을 것으로 생각했다. 하지만 그런 일은 일어나지 않았다. 지금까지 뵈링거의 무상 지원을 요청한 나라는 아프리카 전체의 절반도 되지 않는다.

에이즈에 감염된 임산부가 수십만 명에 이르는데도 아프리카 정부들이 왜 이렇게 소극적인 태도를 취하는가를 알아내기까지는 좀 시간이 걸렸다. 2002년 9월까지 무상 지원 대상 100개 국 중 무상 지원을 받고자 뵈링거 잉겔하임과 협의한 나라는 34개 국밖에 되지 않는다. HIV에 감염된 여성 중 9만 7,054명만이 바이러스 없는 아이를 낳을 것이다. 유감스럽게도 너무나 적은 수다.

뵈링거 잉겔하임의 비디오 테이프에서 한 의사는 난감한 얼굴로 이렇게 고백한다. "우리는 저개발 국가에서 기본적인 의료 시스템과 체계를 구축하는 데 시간이 많이 걸린다는 점을 간과했습니다. 의료 인프라가 없는 상황에서는 건강 검진도 의사와 보조 인력들의 양성도 가능하지 않습니다." 기타 제반 사항의 개선 없이 의약품만 공급하는 것은 그리 많은 도움이 되지 않는다는 것이다.

이 의사는 이로써 의도적이지는 않지만 아프리카의 열린 상처에 손을 대었다. 이 상처는 매우 아파서 해당 국들이 과소평가하려고 애쓰는 부분이다. 아프리카 시골에는 의사와 간호사뿐 아니라 열악한 시설이나마 병원과 보건소가 너무나 적다. 대도시에 거주하는 몇 안 되는 의사들은 정글로 환자들을 찾아가는 것을 꺼린다.

이렇게 의료 인프라가 부족하기 때문에 대도시를 제외한 사하라 이남 아프리카에서 임산부가 에이즈 검사를 받을 기회는 거의 없다. 임산부들이 검사를 원하는 경우에도, 남편이 먼저 권하는 경우에도, 심지어 유료 검사를 받을 용의가 있는 경우에도 말이다.

HIV 양성인 엄마가 아이에게 젖을 물리고 있다. 아기도 에이즈에 걸렸을까?

HIV에 양성인 임산부는 출산할 때 반드시 의료적인 보조를 받아 아이를 분만해야 한다. 능란한 산파도 괜찮다. 엄마가 알맞은 시점에 바이라문을 복용하고 아기에게도 분만 후 72시간 안에 보조제를 흘려 넣어 주어야 하기 때문이다.

엄마와 아기의 치료와 관련하여 에이즈 바이러스가 얼마나 위험한 병원체인지가 다시 한 번 드러났다. 바이라문과 그와 비슷한 약물의 탄생을 채 기뻐하기도 전에 모유에도 바이러스가 있음이 밝혀졌던 것이다. 아기가 모유를 먹으면서도 에이즈에 걸리지 않게 하는 방법은 단 하나다. 모유 외에 아기의 부드러운 장에 상처를 낼 만한 다른 음식을 일절 주지 않는 것이다. 그래도 위험성은 여전히 존재한다. 선진국에서는 모유 대신 대체 식품을 먹이면 되지만 아프리카에서 신생아의 영양은 거의 모유에 의존된다.

사하라 이남 아프리카에서 얼마나 많은 사람들이 에이즈에 대항해 무기력한 싸움을 벌이다 속수무책으로 죽어가고 있는지, 얼마나 많은 고아들이 탄생하고 있는지, 평균 수명이 얼마나 낮아지고 있는지의 내용을 담은 연구 보고들은 많다. 하지만 아프리카 어떤 정부도 의료 인프라 개선을 위해 필요한 문안을 내놓지 않았다. 그러니 무엇을 갖고 있으며, 무엇이 필요한지, 최소한의 의료 인프라를 구축하기 위해서는 어느 정도의 비용이 들 것인지 알 길이 없다.

현재 우간다만이 자신들의 의료 현실에 대한 공식적인 숫자를 발표한 상태다. 우리는 나라의 명예에 스스로 먹칠할 필요가 뭐가 있느냐는 반대 여론에도 불구하고 진실을 공개하려면 매우 용감해야 한다는 것을 알고 있다. 우간다의 의료 현실은 매우 비참하다. 나머지 아프리카 나라

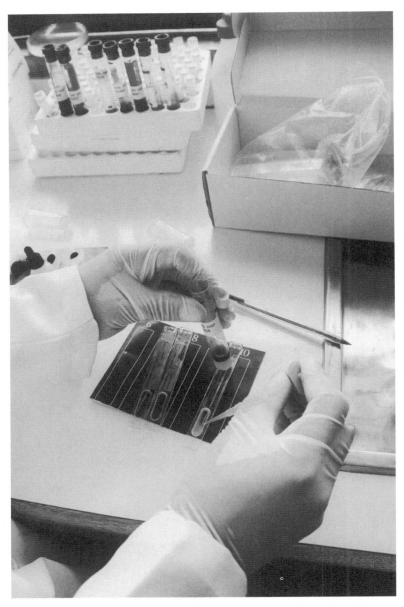

에이즈 검사는 매우 간단하다. 그러나 사하라 이남 아프리카에는 검사 센터가 너무 적다. 검사가 무료인 경우도 드물다. 또한 여자가 검사를 받기 위해서는 남편의 허락을 받아야 한다.

들도 우간다와 별다르지 않을 것이다.

우간다의 의사 수는 인구 2만 명 당 한 사람 꼴이다. 독일의 경우는 인구 1,000명 당 3.5명의 임상의가 있다. 우간다의 약 70배인 셈이다.

우간다의 간호사는 인구 5,000명 당 한 사람이다. 독일은 인구 1,000명 당 8.5명의 간호사와 보조 인력이 있다. 우간다의 약 40배에 달한다.

우간다 소재 병원의 60퍼센트 이상은 도시 지역에 있으며 의사는 80퍼센트 이상이 도시에 거주한다. 하지만 도시에 사는 인구는 전체 인구의 20퍼센트밖에 되지 않는다.

그리고 병원 중 40퍼센트만이 국가 보조를 받는다.

시골 인구의 10퍼센트만이 화장실을 사용하며 인구의 반 이상이 문맹이다.

아프리카 정부, 유엔, 세계은행이 사하라 이남의 비참함을 적나라하게 보고하는 연구에 관심을 갖지 않는 것은 정치적인 이유가 크다. 국제 조직이 조만간에 그리로 흘러 들어가야 할 자금의 합계를 낸다면 커다란 숫자에 익숙한 우리들로써도 경악할 노릇일 것이다. 그리고 그 결과로 에이즈 프로그램에 대한 유엔의 자금 지원은 줄어들 것이다. 지금도 선진국 국회에서 새로운 보조금 지원안이 통과되려면 여간 까다로운 게 아니다.

백신에 대한 꿈

프리실라는 죽어가고 있다. 그러나 자신이 죽어가고 있다는 사실조차 알지 못한다. 에이즈가 의식까지 빼앗아 버렸기 때문이다. 프리실라는 피골이 상접한 모습이다. 르완다에서 보았던, 매장되지도 못하고 햇빛에 말라 뒹굴어 다니는 시체만큼이나……. 에이즈 바이러스가 살아 있는 사람을 저렇게까지 만든다는 것에 전율을 느낀다. 프리실라는 열여덟 살 정도로 꿈 많은 소녀였을 것이다. 어머니는 프리실라를 오두막 구석에 있는 멍석 위에 눕히고 넝마를 덮어 놓았다.

프리실라는 처녀와 섹스를 함으로써 에이즈의 악몽을 떨쳐 버리고 싶었을 남자 에이즈 환자에게 성폭행을 당한 것으로 추정된다. 이런 일은 드물지 않다. 특히 시골에서는 말이다. 어머니는 프리실라가 아직 결혼하지 않았다는 걸 강조하며 몇 년 전 이 지방을 헤집고 다녔던 군인들에게 성폭행 당했을 것이라고 한다. 군인들은 아프리카 정부의 생각 이상으로 에이즈의 확산에 책임이 많다. 내전에 참가한 군인들은 젊은 소녀를 끌고 가서 성폭행하는 것으로 악명이 높다.

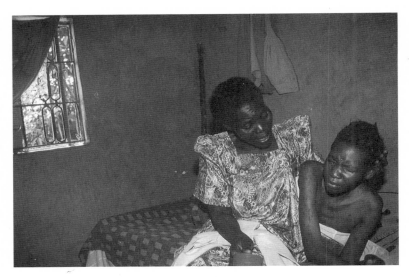

딸의 몸에 나타난 에이즈의 흔적들을 보고 절망하는 엄마.

프리실라와 가족들은 오랫동안 에이즈에 대해 전혀 알지 못했다. 알아도 별 도움이 되지 못했을 터이지만. 에이즈에 관한 지식은 이제 자라나는 아이들에게나 유익할 것이다. 아프리카 정부는 계몽과 다른 예방책만으로는 만족할 수 없다는 입장이다. 약은 너무 비싸고 환자를 돌볼 의료 시설은 부족하다. 아프리카 정부는 단번에 모든 문제를 해결할 수 있는 마법의 수단을 꿈꾸고 있다. 에이즈 백신 말이다.

국제 에이즈 회의에서도 하루 빨리 에이즈 백신을 개발해야 한다는 목소리가 높았다. 유엔은 만장일치로 백신 개발에 더 많은 자금을 지원하기로 했다. 에이즈와 더불어 결핵과 말라리아 백신 개발에도 전력을 다하기로 했다. 아프리카의 여러 지역에서는 아직도 에이즈보다 말라리아로 죽어가는 사람들이 더 많다. 말라리아에 대한 국제 사회의 반응은 오래전부터 둔감해져 있었다. 말라리아가 유럽에서 유행하는 전염병이

엄마는 딸의 현실을 받아들이고 싶지 않다. 딸의 예전 모습.

라면 사정은 달랐을 것이다.

　프리실라의 사망진단서에 사망 원인은 에이즈가 아니라 말라리아로 기록될 것이다. 에이즈로 죽는다는 것이 아직 수치스럽게 생각되는 일이기도 하고, 드물지만 보험에 든 경우 말라리아는 보험금을 받을 수 있지만 에이즈는 불가능하기 때문이다. 과거 말라리아에 적용되었던 사항들이 오늘날에는 에이즈에 적용되고 있는 것이다. 에이즈와 관련하여 가장 전문성을 갖춘 거대 제약 회사들은 아직 백신 개발에 뛰어들지 않고 있다.

　제약 회사들이 에이즈 백신 개발에 뛰어들기를 주저하는 이유는 백신 개발이 돈은 많이 들지만 이윤을 볼 전망은 별로 없는 일이라고 생각하기 때문이다. 그러나 제약 회사들이 동참하는가 하지 않는가는 더 이상 중요하지 않다. 정부와 재단에서 지급되는 연구비로 대학과 국·사립 연구소의 연구원들이 백신 개발을 위해 노력하고 있으니 말이다. 백신 개발을 위해 연간 5억 달러의 연구비가 지출되고 있다. 이런 식으로 가면 20년 후쯤에는 에이즈 바이러스 백신을 손에 넣을 수 있지 않을까?

유엔 산하의 여러 기구들도 이 일에 협력하고 있다. 유엔의 특별 프로그램인 국제연합에이즈퇴치계획인 유엔에이즈를 비롯하여, 국제연합아동기금인 유니세프(UNICEF), 국제연합교육과학문화기구인 유네스코(UNESCO), 세계보건기구(WHO), 국제연합개발계획(UNDP), 국제연합인구활동기금(UNFPA)이 이 일에 참여하고 있다.

국제노동기구(ILO)와 국제연합마약통제프로그램(UNDCP) 그리고 재정을 총괄하는 세계은행(IBRD)도 빼놓을 수 없다. 세계은행은 1986년부터 백신 개발을 포함한 에이즈 프로그램을 위해 20억 달러를 지원하였다.

참으로 엄청난 투자이다. 전에는 불투명했던 많은 것들을 조망할 수 있게 하는 최신 정보 기술만이 이 에이즈의 비극으로부터 우리를 보호해 줄 수 있을 것으로 보인다.

유엔에이즈는 이렇게 많은 기구에서 투자를 하고 수백 명의 연구원들이 혼신의 노력을 기울이고 있음에도 불구하고 백신 개발에 진전이 없는 이유를 당황스러울 정도로 간단하게 설명한다. 우리는 몇몇 에이즈 퇴치 의약품의 성공적인 개발에 도취되어 있으나 사실은 에이즈에 대해 여전히 무지하다는 것이다.

가령 지금까지 HIV가 어떤 방식으로 인간 신체의 자연적인 방어 체계를 빠져나가는지가 규명되지 않았다. HIV가 어떻게 인간의 방어 체계를 이기는 것일까? HIV가 직접적으로 신체의 면역 체계를 공격한다는 점에서 다른 감염성 질병과 구분된다. HIV는 병원체에 대항해 신체를 보호해 주고 병에 걸리지 않게 해 주는 림프구를 공격한다.

에이즈 바이러스는 레트로바이러스로 분류된다. 레트로는 '뒤에 있다'라는 뜻으로 이 레트로바이러스는 세포의 유전자 속에 들어가 자신의 유전자와 세포의 유전자를 혼합함으로써 침입한 세포에 계속 눌러앉는다.

이런 말들은 공연한 전문적인 장광설이 아니다. 에이즈는 점점 많은 사람들로 하여금 전문 지식도 없이 림프구, 특히 CD4 T림프구를 입에 올리게 하고 있다. HIV 검사가 혈액 속의 CD4 T림프구 수를 세는 것으로 이루어지기 때문이다. 혈액 속의 CD4 T림프구가 정상보다 적으면 HIV 양성 판정을 받는다.

그러나 앞에서도 말했듯이 이미 HIV에 감염되어 있음에도 음성 판정이 나오는 창문기가 존재한다. 모든 환자는 의심스러운 경우 두 번째 검사를 받아야 명확한 결과가 나온다는 것을 명심해야 한다.

일반적으로 CD4 T림프구는 체내에서 병원체를 공격하고 파괴한다. 하지만 에이즈 바이러스는 면역세포의 이런 싸움에 휘말리지 않는다. 에이즈 바이러스는 CD4 T세포로 침입해 들어가 그곳에 편안히 자리를 잡고 앉아 내부로부터 점차 면역세포를 파괴한다. HIV는 점령한 세포에서 절대로 나가지 않는다. 그러면 신체는 처음에는 균형을 맞추고자 새로운 면역세포들을 생산한다. 하지만 HIV와 보조를 맞추기는 점점 힘들어진다. HIV는 그가 점령한 세포에서 놀라울 정도로 증식하기 때문이다. 에이즈가 진행되면 하루 십억 개까지 새로운 바이러스들이 생겨난다. 다시 말하지만 수백만 개가 아니라 십억 개다.

혈액에 CD4 T세포들이 적어지고 HIV가 자리를 차지할수록 신체의 면역력은 약해진다. 그리하여 치명적인 면역 결핍 현상이 나타난다. 지금까지 수수께끼로 남아 있는 것은 어찌하여 드문 경우 HIV에 감염되었으면서도 감염되지 않은 양 면역 결핍을 일으키지 않고 살아가는 사람들이 있는가 하는 것이다. 그들은 마치 에이즈 예방 접종을 맞은 듯하다. 몇몇 연구자들은 이런 사람의 혈액을 연구하여 백신 개발에 활용할 수 있지 않을까 희망하고 있다. 그러나 지금까지 진척된 것은 없다.

중국인들의 말에 따르면 중국 의사들은 몇 백 년부터 천연두의 딱지, 즉 죽은 천연두 바이러스를 갈아서 코로 흡입하게 하는 방식으로 천연두를 예방했다고 한다. 그러므로 우리의 고전적인 예방 접종은 옛날 중국의 예방법에서 유래한 것이다. 인체에 침입한 바이러스나 박테리아는 백신으로 인해 죽거나 해를 끼치지 못하게 되는 것이다. 솔크 박사는 죽은 폴리오 바이러스(Polio Virus: 소아마비의 병원체)를 주사함으로써 원하는 면역 반응을 일으켜 소아마비를 정복했다.

하지만 HIV의 경우 그런 방법은 너무 위험하다. 그러기에는 HIV에 대해 별로 아는 것이 없기 때문이다. 연구자들은 온전한 바이러스를 기초로 백신을 개발했다가 그 백신이 도리어 에이즈를 유발하지 않을까 두려워한다. 그래서 바이러스의 일부분만을 이용하여 백신을 개발하고자 애쓰고 있다.

하지만 이야기만 들어도 숨이 막힌다. 우리가 싸워야 하는 바이러스는 최신 현미경으로 봐야 간신히 볼 수 있을 만큼 아주 작기 때문이다. 그뿐 아니다. HIV는 한 종류가 아니다. 처음 발견된 HIV의 속(屬)은 HIV1이라는 명칭을 부여 받았다. 그러나 HIV2는 오래 기다리게 하지 않왔다. HIV2 역시 HIV1만큼이나 치명적이며 HIV1과 거의 동일하다. 다만 인간의 혈액 속에서 림프구에 대항하여 승리를 거머쥐기까지의 시간, 즉 면역 결핍을 유발하기까지의 시간이 좀 더 오래 걸린다.

또한 연구가 진행됨에 따라 이 두 바이러스의 하위 그룹들이 속속 발견되었다. 하위 그룹은 이제 총 열 개로 늘었다. 연구자들은 이런 하위 그룹을 A, B, C, D 등으로 부른다. HIV1과 HIV2뿐 아니라 모든 하위 그룹에 효과를 발휘할 수 있는 백신을 개발할 수 있을지는 불투명하다.

에이즈를 예방하기 위하여 여러 개의 백신을 맞아야 하는 사태가 발생할 수도 있다. 또한 백신 개발의 성공을 미처 자축하기도 전에 이 치명적인 바이러스가 새로운 속을 탄생시킬지도 모른다. 바이러스는 끊임없이 변화하기 때문이다. 바이러스들은 이미 새로 개발된 에이즈 약물에 적응력을 보이고 있다. 프랑스에서는 감염자의 약 20퍼센트에서 HIV가 에이즈 약에 내성을 보이는 것으로 나타났다. 불길한 소식이다.

HIV의 하위 그룹들로 인해 의사들만 골치 아픈 것이 아니다. 우리는 모르는 사이에 의학과 정치가 갈등을 빚는 시대를 맞이하였다. 지난번 유엔에이즈의 보고에 따르면 아프리카에서 가장 맹위를 떨치고 있는 HIV는 A군과 C군이다. 어느 군이 유행하는가는 인간이 영향을 끼칠 수 있는 부분이 아니다. 그러나 현재 시험 단계에 있는 백신들은 HIV B군을 겨냥한 것이다.

B군은 주로 선진국 에이즈 환자의 혈액 속에서 발견되는 바이러스다. 대부분의 연구 시설이 선진국에 자리 잡고 있는 탓이겠지만 백신 개발에서 아프리카 사람들이 불이익을 당하고 있는 건 확실하다. 아프리카인들에게 도움이 될 수 있는 A군과 C군을 겨냥한 백신 개발은 2000년 여

름 케냐에서 비로소 시작되었다.

아프리카 연구진은 아프리카 정부와 유엔의 도움으로 2007년까지 HIV A군과 C군에 효과를 보일 것으로 추정되는 백신의 첫 테스트를 마무리할 계획이다. 이에 반해 10년 전부터 백신 개발에 몰두하고 있는 선진국의 연구진들은 첫 테스트가 완료되기까지 족히 10년은 더 소요될 것으로 내다보고 있다. 이들은 정확한 예측을 조심스러워한다.

백신을 개발하는 것은 여러모로 어려운 작업이다. 연구비를 쏟아 부어야 할 뿐 아니라 나라마다 대륙마다 백신이 승인되는 조건도 다 다르다. 백신 개발에서는 그것도 염두에 두어야 한다. HIV 백신의 방향을 제시해 줄 최초의 실험은 일단 동물 실험을 통하게 된다. 그러나 에이즈 백신의 성공 여부는 인간을 이용한 실험을 통해서야 비로소 드러나게 될 것이다. 그러므로 테스트를 위해서는 지원자를 물색해야 한다. 에이즈 백신 실험에 범죄자나 오갈 곳 없는 사람들을 강제로 동원할 수는 없는 노릇이기 때문이다.

그러나 동물 실험과 연계하여 수천 명의 건강한 남녀를 대상으로 3단계로 진행되는 테스트에 대한 이야기를 들으며 약간 꺼림칙해 하는 것은 나 혼자만은 아닐 것이다. 자원한 사람들이라고 해서 달라지는 것은 없다. 테스트에 참가했다가 어쩌면 HIV에 감염될 수도 있으니까 말이다. 그러나 연구자들은 다른 방법이 없다고 한다.

1단계에서는 20~40명의 건강한 지원자를 대상으로 에이즈 백신이 사람에게 위험하지 않은지, 그리고 무엇보다 백신을 맞은 사람들이 HIV에 면역성이 생기는지가 테스트된다. 그리고 1단계가 긍정적으로 진행되면 다음 단계로 넘어가게 된다.

2단계에서는 수백 명의 건강한 사람들이 예방 접종을 받게 된다. 그들을 대상으로 역시 백신이 위험하지 않은지, 이런 예방 접종이 에이즈를 예방하는 데 얼마만큼 효과가 있는지가 연구된다.

3단계에서는 건강한 사람 수천 명이 동원된다. 이들은 여러 가지로 테스트를 받게 되는데, 한 그룹은 예방 접종을 받고 다른 그룹은 그들을 감독하게 된다. 별다른 어려움이 없으면 3단계는 4년 안에 완료된다.

학자들은 인간을 대상으로 하는 실험이 윤리적인 원칙에서는 불가하지만 그럼에도 이런 실험 과정을 거친 효과적인 백신이 수백만의 생명을 살릴 수 있음을 강조한다.

더욱이 백신은 HIV의 감염을 방해할 뿐 아니라 자연적인 면역력을 강화하여 이미 혈액 속에 침입한 바이러스가 면역 결핍을 유발하지 않도록 방해한다. 따라서 백신 개발이 성공하면 이미 HIV에 감염된 사람도 비싼 의약품을 단번에 던져 버릴 수 있다.

유엔에이즈는 3단계로 이루어지는 첫 에이즈 백신 임상 실험이 1998년부터 미국, 캐나다, 네덜란드에서 5,400명이 참가한 가운데 진행되고 있다고 밝혔다. 1999년에는 태국에서도 2,500명의 지원자가 예방 접종을 받았다. 태국에서는 여러 가지 작용물질들이 연구되고 있기 때문에 곧 다른 테스트도 시작될 예정이다. 모든 테스트의 결과가 부정적일 경우 처음으로 다시 돌아가 새로운 테스트를 받을 사람들도 준비되어 있다. 전문가들은 백신만이 에이즈 전염병을 영원히 극복할 수 있는 길이라고 말한다. 에이즈는 페스트, 티푸스나 콜레라처럼 시간이 지남에 따라 저절로 수그러드는 질병이 아니기 때문이다.

이미 있었던 에이즈 치료약을 둘러싼 가격과 특허권 논쟁에서 우리는 에이즈에 관한 논의가 얼마나 편향적으로 흐를 수 있는가를 보았다. 가난한 사람들을 대변하는 정치적 좌파는 이윤을 추구하는 기업에 대해 분개했다. 그렇게 볼 때 제약 회사가 에이즈 백신 개발에 뛰어들 것인가 말 것인가와는 별도로 테스트가 완료된 첫 백신이 실험실을 나서자마자 새로운, 아마도 더 격렬한 분쟁이 있을 것으로 예상된다.

처음에 생산되는 백신의 양이 얼마 되지 않는다면 누가 그것을 먼저 공급받을까? 미국일까? 유럽일까? 아프리카일까? 백신을 두고 아프리카인들이 빈부의 차이를 뼈저리게 느끼는 일이 일어날지도 모른다. 가장 위기에 처해 있으며 엄밀히 말해 백신 공급에 절대적인 우선권을 가져야 할 사람들은 어디에 사는가? 틀림없이 처음에는 물방울이 바위를 패이게 한다는 속담이 생각날 정도로 소량의 백신이 생산될 것이다.

그러면 공상 과학 영화에서나 일어날 법한 일이 현실로 다가올 수도 있다. 백신 때문에 전쟁이 일어날지도 모른다. 지난날 영국 군인들은 무력으로 중국이 아편 반입을 허용하도록 만들었다. 오늘날이라고 군인들이 에이즈 백신의 반출을 강요하지 않으리라고 보장할 수 있을까? 더 이상 뒷방에서 토론하는 것처럼 해서는 안 된다. 유엔은 에이즈를 둘러싼 분쟁을 막는 길을 모색하고 있다.

그리하여 누가 그것을 먼저 받고 가격은 얼마나 매길 것인지를 잘 준비하고 있다고 한다. 무엇보다도 지금까지 아프리카에서 인구가 줄고, 평균 수명이 단축되고, 생활 수준이 저하되고, 수백만의 고아가 발생하는 등 에이즈로 인해 얼마나 끔찍한 결과들이 초래되었는지를 모두가 느꼈기 때문이다. 그러나 백신에 대한 꿈이 정말로 현실이 될 것인지는 누구도 알 수 없다.

거리거리에 양질의 콘돔을

이제는 기독교인들도 아프리카에서 섹스가 가장 우선적인 대화 주제가 되어야 한다는 데 의견을 같이 한다. 에이즈는 섹스, 정확히 말하면 콘돔을 사용하지 않는 무방비 섹스로부터 연유하기 때문이다. 모두가 정확한 지식을 가지고 있을 때만이 더 이상 많은 사람들이 에이즈에 희생되지 않을 것이다. 사제와 목사들도 이제 이런 논리에 동조하고 있다.

메르세데스 벤츠 공장이 위치한 로보터 거리에서는 성교육이 한창이다. 남아프리카 공화국의 다임러 크라이슬러 공장에서도 오래전부터 성교육을 해 왔다.

다임러 크라이슬러의 성교육은 이스트 런던에 위치한 회사의 회의실에서 진행된다. 이스트 런던은 인도양 연안에 위치한 요한네스버그로부터 남동쪽으로 꽤 멀리 떨어진 곳에 위치해 있다. 그곳의 성교육 시간. 노동조합원 일곱 명이 말굽자석 모양으로 된 책상 앞에 앉아 가지런히 책상 위에 손을 올려놓고 수업이 시작되기를 기다린다.

잠시 후 세련된 젊은 여성이 서류가방 같은 것을 들고 들어온다. 이어 이 여성이 가방에서 꺼내 든 것은 서류 파일이 아니라 나무로 만든 커다란 페니스다. 나무 페니스는 매끈하게 다듬어져 있다. 그녀는 은색으로 포장된 콘돔들도 꺼낸다. 나 외에는 아무도 놀라는 기색이 없다. 맞아. 복습 시간이라고 했지.

"리처드!" 여강사는 한 사람을 앞으로 불러낸다. "시범 한번 보여 주실래요?" 점잖고 성실한 한 가족의 가장으로 보이는 리처드는 조심스럽게 콘돔 포장을 뜯더니 서투른 솜씨로 나무 페니스에 콘돔을 끼운다. 강사는 리처드가 콘돔을 끼우는 것을 도와 준다. 리처드는 아무렇지도 않다는 표정이다. 이제 강사가 질문을 한다. "리처드, 집에서도 콘돔을 사용하나요?" 그 질문은 마치 "집에서 디저트로 아이스크림을 먹나요?"쯤으로 들린다.

리처드는 약간 곤혹스러운 듯이 멋쩍게 웃더니 늘 사용하는 것은 아니라고 고백한다. 그러더니 "콘돔이 너무 얇은 것 같아요."라고 말한다. 앉아 있는 조합원들도 고개를 끄덕인다. 조합원들의 표정을 본 리처드는 안심된다는 듯 씩 웃더니 "나는 두 개를 겹쳐서 사용해요."라고 말한다.

강사는 조합원들이 자신의 에이즈 강의를 진지하게 받아들이기를 바랄 뿐이다. 사실 이것은 쉽지 않은 강의다. 그녀는 한 구호 단체의 직원이다. 남자들 앞에서 무방비 상태의 섹스와 콘돔을 사용하는 섹스에 대해 설명하고 나무로 된 페니스로 시범을 보이려면 얼굴에 '철판'을 깔아야 한다. 하지만 이런 강의에 회사의 존속뿐 아니라 그 이상의 것이 달려 있다는 생각은 그녀로 하여금 당황스런 상황을 극복할 수 있도록 해 준다.

남아프리카 공화국에 도착하는 사람은 누구나 할 것 없이 공항에서

나무로 만든 페니스. 아프리카의 건강 전도사들에게 나무 페니스는 예전의 피임 약통만큼 중요하다. 사진에 보이는 작은 유리관들은 에이즈 진단을 위해 혈액을 담을 용기이다.

"Aids, Anyone can get it(에이즈 누구나 걸릴 수 있습니다)."이라는 거대한 네온사인과 마주하게 된다. 남아프리카 공화국의 네 명 중 한 명이 에이즈에 감염된 상태다. 이로써 남아프리카 공화국은 비극적인 기록을 보유하게 되었다. 다행히 공항을 보나 어디를 보나 남아프리카 공화국 대통령이 반에이즈 캠페인에 제동을 걸고 있다는 느낌은 들지 않는다. 그는 몇 년 전 공식석상에서 이렇게 말한 적이 있다. "나는 에이즈의 원인이 작은 바이러스라고 생각하지 않는다. 왜 아무도 내게 그 바이러스를 보여 주지 않는가?"

이렇게 관리들이 무신경한 틈을 타 남아프리카 공화국에서 에이즈 바이러스는 믿을 수 없을 정도로 급속하게 확산되었다. 광산 노동자와 화물차 운전사들의 반 이상이 HIV에 감염되었고 사망률은 치솟았다. 현재 요한네스버그 공항에는 에이즈와 관련하여 도움을 요청할 수 있는 전화번호가 커다랗게 나붙어 있다. 그 뒤에는 시계 광고가 붙어 있다. 그렇다. 삶은 계속된다.

다임러 크라이슬러의 화장실에는 콘돔이 들어 있는 하얀 통이 걸려 있다. 누구든지 콘돔을 마음대로 꺼내 갈 수 있다. 무료로, 또 익명으로 말이다. 에이즈에 대한 계몽에도 불구하고 익명으로 콘돔을 가져가게 하는 것이 얼마나 중요한가 하는 것은 남아프리카 공화국의 포드사의 사례를 보아도 알 수 있다. 의사나 간호사에게 들러 콘돔을 가져가게 했을 때는 한 달 소비량이 600개 정도였다. 그러나 콘돔을 탈의실에 비치하여 익명으로 가져가게 하니까 한 달에 1만 7,000개가 없어진다. 다임러 크라이슬러와 포드뿐 아니라 남아프리카 공화국에 소재한 다른 다국적 기업들도 독자적으로 반에이즈 프로그램을 시행하고 있다. 회사들이 에이즈로 인해 숙련된 직원들을 잃을 수 있다는 위기 의식을 느낀 것이다. 숙련된 기술자들은 단시일에 얻어지는 것이 아니다.

다임러 크라이슬러의 반에이즈 프로그램에서 가장 눈에 띄는 것이 콘돔이다. 감염을 막기 위해 금욕을 제외하고 콘돔보다 좋은 것은 없다. 공장장이 노조원들에게 금욕하라고 권고하면 노조원들은 코웃음을 칠 것이다. 또한 아프리카에서 평균 이상의 교육 수준을 갖춘 노조원들의 수업에서 알 수 있듯이 콘돔을 무료로, 또 익명으로 나누어 주는 것만으로는 부족해도 한참 부족하다. 그것을 활용하게 하려면 계몽이 필요하다. 얼마 전까지만 해도 남아프리카 공화국뿐 아니라 사하라 이남 아프리카 모든 국가에서 콘돔을 아는 사람은 거의 없었다.

다임러 크라이슬러가 콘돔 보급을 위해 배포한 전단지는 언뜻 보면 약국 광고지 같다. 전단지에 커다란 콘돔 사진이 요란하게 게재되어 있기 때문이다. 다임러 크라이슬러는 이런 전단지를 통해 콘돔 활용을 북돋우고 있다. 전단지에는 "파트너를 성적으로 흥분시킬 수 있음을 확인하십시오."라고 씌어 있다. "파트너의 질이 충분히 젖지 않으면 침을 사용하십시오.", "콘돔 사용은 연습이 필요합니다.", "콘돔이 찢어지는 일은 극히 드뭅니다."라고도 쓰여 있다.

중요한 문장들은 한눈에 띄도록 예쁘게 테두리가 둘러져 있다. 전단지는 결국 단순 노동자들에게 배포될 테니까 말이다. 콘돔에 관한 설명만 있는 것은 아니다. 필요한 경우 정액을 흘리지 않도록 페니스의 표피를 잡아당기면서 콘돔을 벗기는 방법도 설명되어 있다. 전단지는 완벽을 추구하고 있다.

콘돔이 임신을 방지한다는 언급도 있다. 전단지를 작성한 사람들은

콘돔이 왜 중요한가? 남아프리카 공화국의 다임러 크라이슬러 공장에서 콘돔에 대한 이야기는 휴식 시간까지 이어진다.

이 말로 어느 정도 자살골의 위험을 무릅쓰고 있다. 이 전단지를 읽는 사람들이 상황에 따라서는 아이를 원할 수도 있기 때문이다. 그렇다. 아이도 낳아야 한다. 정말이지 딜레마가 아닐 수 없다. 딜레마의 출구는 아직 보이지 않는다. 아프리카 정부들은 에이즈도 예방하고 임신도 방지하는 콘돔의 이중 기능이 아주 반갑다. 그로써 오랫동안 원했던 산아 제한의 목적까지 이룰 수 있기 때문이다.

다임러 크라이슬러는 남아프리카 공화국의 다른 다국적 기업들처럼 에이즈에 대항한 야심 찬 계획을 선포했다. 전단지에는 직접적으로 실려 있지 않지만 충분히 납득할 수 있는 회사의 이익을 위해서 말이다. 숙련된 기술자들이 에이즈로 인해 속속 쓰러져 갈지도 모른다. 그들을 대체할 인력들도 말이다. 또한 가족 중 누군가가 에이즈로 사망하면 직원들은 일주일 내내 출근하지 않는다. 아프리카 노동자들은 개인적인 일을 공장의 일보다 우선시한다. 이로써 회사가 감당해야 하는 손실은 이만저만이 아니다.

회사는 직원 가족, 정확히 말하면 배우자와 두 아이까지 회사의 에이즈 프로그램의 혜택을 받을 수 있도록 하고 있다. 감염된 가족이 있으면 무료로 면역 결핍을 중단시키는 약물 치료를 받을 수 있다. 다임러 크라이슬러는 인도와 브라질 등에서 밀수된 복제 의약품을 사용하지 않는다. 남아프리카 공화국은 제약 회사와 특별 협정을 맺었다. 그리하여 회사는 환자 한 사람 당 한 달 평균 미화 1,200달러를 약값으로 지불한다. 독일에서라면 거의 두 배의 돈이 들 것이다.

노동조합은 회사의 이런 반에이즈 프로그램에 동의하였다. 사회 복지에 기여하는 프로그램이므로 거부할 이유가 없다. 노조는 이미 HIV에 감염된 사람도 회사에 방해가 되지 않는 이상 불이익을 받지 않아야 한다는 조건을 내걸었다. 에이즈가 어떤 단계에 접어들었는지에 따라 환자는 자신에게 알맞은 일을 할당받게 되어 있다. 또한 회사측은 직원을 채용할 때 에이즈 검사를 미리 실시하여 채용 여부를 결정하는 일은 없을 것이라고 약속했으며, 계몽을 포함한 일반적인 의료 서비스를 확대하기로 했다.

이를 위해 기업은 GTZ, 즉 독일기술협력단과 계약을 체결했다. GTZ는 1단계로 4,400명의 전체 종업원 중 절반 정도에게 HIV 검사를 받게 하였고, 그들 중 약 500명이 HIV에 양성 반응을 보였다. 이 검사에서 다임러 크라이슬러 임원진들은 모두들 보는 데서 먼저 소매를 걷어붙이고 피를 뽑는 모범을 보였다. 지금까지 정부 고위 인사들 중에서는 보지 못했던 일이었다.

다임러 크라이슬러 자동차 공장은 전에는 잠자고 있던 작은 도시 이스트 런던에 생기를 불어넣었다. 남아프리카 공화국 공장에서 생산되는 차가 독일 슈투트가르트의 다임러 회사에서 생산되는 차에 비해 덜 세련된 것인지도 모른다. 그러나 진보된 기술과 함께 미래의 아프리카는 이미 시작되었다. 이것이 이전의 아프리카에 미치는 영향은 놀랍다.

이스트 런던의 옥스퍼드 거리 48번지는 런던의 옥스퍼드보다는 오히려 미국의 중서부 도시의 상가를 연상시킨다. 자연치료사 필라니도 얼마 전에 옥스퍼드 거리로 옮겨 왔다. 그는 이곳에서 가까운 시골 출신이다. 이곳에서 '전통치료사'로 불리는 필라니는 청바지와 검정 티셔츠 차림의 젊은이다. 그는 이 직업을 아버지로부터 물려받았다. 필라니는 눈을 찡긋하며 "손님을 따라가야 하는 법이지요."라고 말하고는 새로 짠, 페인트칠을 하지 않은 나무 진열장 앞에서 거리낌 없이 포즈를 취한다.

그는 가공하지 않은 뿌리와 약초들을 나무 진열장에 보관하고 있다. 모든 것은 지나칠 정도로 깨끗하다. 가게 뒷벽을 보니 손님을 따라왔다는 말의 또 하나의 의미를 알 것 같다. 그 벽에 연하여 그는 이전의 시골 마을에 있던 그의 둥근 오두막의 절반 정도를 원형에 가깝게 되살려 놓았다. 지붕을 짚으로 덮어서 말이다. 그곳에서 환자와 일대일로 면담을 한다고 한다.

점원까지 두고 있는 걸 보니 퍽 잘되는 것 같다. 필라니는 시골을 떠나 도시로 이주한 남아프리카 공화국의 첫 자연치료사이다. 필라니는 "도시에 돈이 있으니까요."라고 덧붙인다. 그런데 그가 도시로 이주한 첫 번째 자연치료사라는 건 어떤 근거에서 하는 말일까? 며칠 전에 방송

도시로 이사온 남아프리카 공화국의 자연치료사. 그는 환한 미소를 지으며 검은 감자 두 개를 보여 준다. 그것이 에이즈 치료에 효험이 있다면서.

국에서 이곳을 촬영해 갔다고 한다. 그밖에 남아프리카 공화국에는 일종의 자연치료사협회가 있어 월간지까지는 발행하지 않더라도 서로의 근황 정도는 파악하고 있다고 한다. 다른 자연치료사들은 필라니가 어떤 경험을 하게 될지 호기심을 보이고 있다.

에이즈 약도 있을까? 물론이다. 필라니는 진열장에 놓인 두 개의 병을 가리킨다. 하나는 싸고 하나는 비싼 약이라는데 둘을 함께 사용하면 좋단다. 물론 하나만 복용해도 무방하다고 한다. 필라니는 그 약을 공식 1, 공식 2라고 부른다. 각각 2주간에 걸쳐 복용해야 한다. 그 옆에는 필라니가 아프리카의 검은 감자라고 부르는 새까만 뿌리가 놓여 있다. 그것을 요리해서 먹으면 에이즈에 효험이 있다고 필라니는 주장한다.

가격표는 아무 곳에도 붙어 있지 않다. 대신 많은 약초, 약초 봉지,

뿌리, 뿌리를 갈아서 깡통에 넣은 것, 알록달록한 색깔의 작은 병에는 번호가 붙어 있다. 번호로 가격을 표시해 둔 것 같은데 그 의미는 치료사만이 알고 있다. 도시에서도 그는 이런 비밀을 포기하고 싶어 하지 않는다. 필라니는 오두막에서 여러 환자들을 진찰한다. 어떤 환자들과는 가게 계산대 앞에서 잠깐 대화를 하는 것으로 충분하다. 그러고 나서 손님에게 어떤 약을 처방할지, 그리고 약값은 얼마나 받을지를 결정한다.

우리 같으면 가게 앞에 '생약'이라는 간판을 내걸었을 것이다. 그러나 필라니는 자신에겐 광고가 필요 없다며 뽐낸다. 어차피 그를 찾아오는 사람들은 이전 손님 중 이제는 도시에서 일하는 사람들이며 새로운 손님은 입 소문을 듣고 찾아오기 때문이다.

필라니는 제법 자랑스럽게 계산대의 약 목록을 보며 중요한 약에 대해 소개를 해 준다. 이 중 필라니가 7번이라고 칭하는 약은 발기를 도와주는 가루약이다.

1번과 2번은 약이라고 하기에는 좀 뭣한 건강 음료에 가까운 것이다. 필라니에 따르면 그는 이 음료를 좋아하고 그 음료도 그를 좋아한다고 한다. 이들 음료는 아주 인기가 많다고 필라니는 강조한다.

10번 약은 아내가 남편의 음식에 섞어 주어야 하는 약초이다. 그러면 남편은 다른 여자를 쳐다보지도 않는다고 한다. 이 약은 늘 물량이 딸린다.

13번 약 역시 음식이나 음료에 타는 가루약으로 이 가루약을 탄 음식이나 음료를 마신 사람은 다음 번 소나기가 올 때 벼락을 맞게 된다고 한다. 이 약은 이미 효험을 나타냈지만 그 내용은 일급 비밀이란다.

14번 약은 남자의 식사에 섞어 주면 남자가 자신의 여자친구와 다투게 되는 약이다. 이 약은 여성 고객들 사이에서 인기가 높다.

20번 약은 굉장히 복합적이다. 이 약은 지방 재판이나 최고 재판을 위해 개발되었는데 누군가가 이 약을 몇 방울 입에 넣고 이리저리 입을 헹구면 연기가 생기고 그것을 법정에 불어넣으면 판사가 잠이 들어서 재판이 연기된다고 한다.

필라니는 옥스퍼드 거리로 옮겨 올 때 아무 가게나 택한 것이 아니다. 그는 바로 옆에 현대적인 약국이 있는 가게를 골랐다. 현대적인 약국과 전통적인 약방이 문을 연하여 있는 것이다. 추녀의 홈통만이 둘 사이를 가른다. 하지만 옆 약국의 약사도 이 특별한 이웃을 별로 싫어하지 않는 듯하다. 자연치료사 때문에 금전상 손해를 보지는 않기 때문이다. 약사는 재미있다는 듯이 이렇게 말한다. "손님들은 의사에게 받은 처방전을 들고 우선 우리 약국에 들르지요. 그런 다음 옆집으로 가서 해당 질환에 잘 듣는다는 민간 처방약을 사가요."

약사와 자연치료사는 콘돔도 판다. 약사는 처음에 콘돔을 무료로 주었는데 많은 고객들이 무료로 받은 콘돔의 '질'을 의심한다는 것을 알고 지금은 소정의 돈을 받고 있다. 이 약국에는 다양하고 특별한 콘돔이 구비되어 있는데 색상이 다양할 뿐 아니라 딸기 맛, 산딸기 맛, 복숭아 맛, 버찌 맛이 나는 콘돔도 있다.

필라니는 아마도 오랫동안 도시 지역의 유일한 자연치료사로 남을 것이다. 이스트 런던 주변의 마을들은 별로 변화의 조짐이 없다. 그곳 사람들은 아직도 옛 풍습에 얽매여 있다고 한 간호사는 말한다. 변변치 않은 오두막으로 이루어진 이런 부락에 사는 사람들의 눈에 다임러 크라이슬러 노조원의 50퍼센트가 한꺼번에 에이즈 검사를 받을 수 있었던 것은 정말이지 매우 놀라운 일이었다.

도시에서 멀지 않은 마을. 그곳의 젊고 자신감 넘치는 한 여성은 자신을 유능한 자연치료사로 소개하며 내게 아프리카 남자들에게는 좀처럼 허락하지 않는 일을 허락해 준다. 우리가 이방인이기 때문에 조상을 부르는 주술 의식에 참여해도 된다는 것이다. 조상들은 환자들이 어디가 아픈지를 말해 준다고 한다. 이 모든 일이 다임러 크라이슬러 회사에서 멀지 않은 곳에서 일어나고 있다. 이 자연치료사는 자신의 고객들 중 대부분은 일요일이면 교회에 가는 사람들이라고 한다. 자연치료사를 찾아오는 것과 교회에 가서 예배드리는 것은 서로 모순되지 않는다면서…….

약간 기우뚱한 오두막은 아주 좁다. 나는 주술 의식을 방해하지 않기 위해 거의 구석에 끼어 앉다시피 할 수밖에 없다. 맞은편 벽 앞에는 두 할머니가 무릎을 꿇고 있고 자연치료사는 오두막의 중간에 서 있다. 두 노인은 각각 손녀와 손자 때문에 이곳을 찾아왔다. 아이들이 집에서 앓고 있다고 한다. 할머니들은 손주들이 어디가 아픈지, 어떤 약을 먹어야 할 것인지를 알기 위해 조상에게 도움을 청하는 것에 동의한 상태다.

자연치료사는 십대로 보이는 한 소녀를 데려온다. 치료사는 그 소녀를 영매라고 소개하고는 우리더러 절대로 말을 해서는 안 된다고 경고한다. 자연치료사와 소녀는 하얀 천을 두르고 있다. 소녀의 얼굴은 천으로 가려져 있고 입만 마음대로 움직이게 해 놓았다.

의식은 치료사의 낮은 노래로 시작된다. 치료사에 이어 영매가 노래를 잇는다. 둘을 조상들의 세계로 인도하는 노래다. 그런데 조상들을 만나기 전에 먼저 지옥을 통과해야 하나 보다. 노래에 이어 살려 달라며 크게 울부짖는다. 이어 신음하며 숨을 헐떡이는데 우리까지 공포심을 느낄 정도다. 치료사는 보이지 않는 야수를 방어하는 것처럼 팔을 이리저리 저어 대고 연방 주먹을 쥐어 보인다. 그리고 거칠게 흔들어 댄다. 소녀의 눈동자는 마치 정신을 잃은 듯 안쪽으로 모아진다.

영매가 치료사 앞에 무릎을 꿇더니 괴상한 소리를 지른다. 꿀꿀거리는 소리 같기도 한데 음은 높아졌다가 낮아졌다가 한다. 그것은 계속된다. 마치 조상들과 이야기를 하는 것 같다. 치료사는 한 손을 머리에 올려놓고 눈을 감고 있더니 비틀거리며 쓰러진다. 얼굴은 핏기가 하나도 없고 땀으로 범벅이 되어 있다. 10분 쯤 지났을까 영매도 지쳐 쓰러진다. 꿀꿀거리는 음이 길어지다가 수그러들고 작아진다.

갑자기 정적이 찾아온다. 나는 자연치료사가 정말로 황홀경에 빠졌다는 것을 느낀다. 그녀의 감정은 지어낸 것으로 보이지 않는다. 자연치료사는 작은 오두막에서 완전히 벗어나 있는 듯하다. 다시 정상적인 세계로 돌아오기 까지는 시간이 걸린다. 정신이 든 치료사는 영매가 천을 벗는 것을 도와 준다. 소녀를 둘렀던 천까지 땀에 푹 젖어 있다. 소녀는 창백하고 아직 무아지경에 있으며 엄청난 육체 노동을 한 것처럼 지쳐 있다. 영매와 치료사는 서로 소곤거린다. 주술 의식을 하는 동안 영매가 조상과의 대화를 치료사에게 전하는 단계가 없다 싶었는데 지금 그 일이 이루어지고 있는 것 같다.

두 할머니는 주술 의식이 진행되는 동안 마치 얼어붙은 듯이 벽 앞에 무릎을 꿇고 있다. 치료사는 이제 쉰 목소리로 할머니들에게 조상들의 말을 전달한다. 나중에 번역하여 들은 바로 손자는 목에 염증이 있고 손녀는 위궤양이 있다고 한다. 치료사는 아이들에게 줄 약을 짓는다. 두 할

자연치료사가 조상을 부르는 주문을 준비한다. 이 자연치료사는 여기 앉아 있는 할머니들의 손주들이 어디가 아픈지를 저 세상의 조상들로부터 듣고자 한다. 할머니의 손주들은 지금 열이 펄펄 나서 오두막에 누워 있다. 주술 의식을 위해 영매도 대기하고 있다.

머니는 무척 기뻐한다. 나중에 들으니 할머니들은 처음에 우리를 오두막 안에 두는 것에 강하게 반대했었다고 한다. 우리 때문에 조상들이 자연치료사와 만나 주지 않을까봐 걱정했기 때문이다. 우리가 주술 의식 요금을 대신 지불할 것이라는 이야기에 겨우 설득이 되었다고 한다. 내가 지불한 주술 의식 요금은 1달러다.

조상들과 대화를 원하는 사람들은 많다. 요금은 비싸지 않고 사람들은 그것을 신뢰한다. 아프리카 시골에서 자연치료사의 권위는 대단하다. 사람들은 자연치료사의 말을 따른다. 남아프리카 공화국 정부는 앞으로 반에이즈 캠페인을 벌이는 데 자연치료사들을 투입할 것이라고 한다. 아프리카의 모든 정부는 성문화를 바꿔 에이즈를 예방하는 데 있어 자연치료사들이 중요한 역할을 할 것으로 기대하고 있다.

게다가 양약은 대부분 아주 비싸기 때문에 에이즈 환자들은 자연치료사의 약을 선호한다. 그러나 종종 도시의 의사들에게 무시당하는 '약초로 만든 약'들이 시골에서 애용되는 이유가 싸기 때문만은 아니다. 에이즈 환자들의 신체 상태를 개선하는 데 이들 민간 의약품은 높은 효력을 발휘한다. 자연치료사들만이 이런 의견을 피력하는 것은 아니다. 이런 의견은 유럽에서 공부하고 온 의사들이 많이 속해 있는 아프리카 반에이즈 협회의 의견이기도 하다.

아프리카 반에이즈 협회의 의사들은 아프리카의 전통적인 치료법이 정부의 보건 부처와 유엔, 무엇보다 선진국에 의해 과소평가되고 있다는 의견이다. 뿌리와 약초로 만든 값싼 민간 의약은 일시적인 설사, 위험한 체중 감소, 피부 발진 등에 놀라운 효과를 보이므로 이를 활용하면 비용을 많이 절약할 수 있다.

아프리카 중심 도시들에서 에이즈 퇴치에 노력하고 있는 사람들은 교회에 대해서도 같은 맥락으로 이야기한다. 교회의 뒷받침이 있으면 에이즈 퇴치는 더 손쉬울 것이다. 남아프리카 공화국에서 만난 한 시민은 "만약 사랑하는 하느님이 콘돔을 추천한다면 아무도 더 이상 콘돔이 마귀의 작품이라고 말할 수 없을 것입니다."라고 했다. 콘돔에 대한 교회 내부의 입장은 엇갈린다. 남아프리카 공화국 가톨릭 주교들은 최근에도 콘돔 사용에 대해 다시 한 번 분명한 반대 의견을 밝혔다.

주교들은 콘돔을 "부도덕하고 적절하지 못한 것"이라고 묘사했다. 그들이 그렇게 본다면 보수적인 신자들도 마찬가지일 것이다. 남아프리카 공화국의 주교들은 아이러니하게도 아프리카에서 에이즈가 빠르게 확산되는 '주된 이유 중 하나'가 콘돔 사용이라고 본다. 주교들은 콘돔을 사용하는 사람들이 이를 잘못 사용했을 경우의 위험성을 과소평가하고 있으며, 콘돔이 문란한 성생활을 부채질할 수 있다고 주장한다. 어느 정도 일리가 있는 이야기인지도 모르겠지만 주교들은 일단은 콘돔을 대중에게 보급하는 것이 급선무라는 사실을 간과하고 있다.

유엔에이즈의 통계에 의하면 사하라 이남 아프리카에서 최소 연간 20억 개의 콘돔이 부족하다. 이를 해결하기 위해서는 콘돔을 사용하라고 계몽만하지 말고 콘돔을 충분히 보급해 주어야 할 것이다.

국가가 감당하지 못할 때

　축하연은 가을마다 전통적인 방식으로 행해진다. 이삼십 명의 소년들이 벌거벗은 채 길가에 늘어서 있다. 대부분 열여덟 살 아이들이라고 한다. 숨어 있다가 여자 아이들에게 들키는 청년들도 있다. 여자 아이들은 그 청년의 바지와 셔츠를 벗겨 발가벗고 있는 소년들의 무리 속으로 내몰아 버린다. 모두 즐거워한다. 아무도 이의를 제기하지 않는다. 이 날은 일 년 중 단 하루 부족의 관습에 따라 여자 아이들이 남자들을 아랫사람 취급해도 되는 날이다. 아니, 남자라 하기에는 좀 뭣하다. 엄밀히 말해 열여덟 살 소년들은 아직 남자라고 부를 수 없기 때문이다. 벌거벗은 소년들 뒤에는 남녀노소 할 것 없이 구경꾼들이 둘러 서 있다.

　발가벗은 소년들은 때때로 성기 부분을 손으로 가린다. 그러다가는 다시 구경꾼들에게 보이게끔 내놓는다. 소년들은 서로 대화를 나누지 않는다. 구경꾼들과도 이야기하지 않는다. 자세히 보면 이런 상황을 썩 달가워하는 사람이 아무도 없다는 것을 알 수 있다. 소리 내 웃는 웃음은 오히려 고통스럽게 느껴진다. 놀랄 일이 아니다. 소년들은 이제 막 커다란 칼을 들고 오는 남자를 맞아들여야 하니 말이다.

칼을 든 남자는 며칠간 친구들에게 칼을 보여 주며 칼이 작년만큼 날카롭다는 것을 확인한 상태다. 드디어 칼을 든 남자가 나타난다. 그는 환한 빛 속에서 칼날을 번득이며 칼로 태양빛을 가른다. 그러고 나서 곧장 본론으로 들어간다. 관중들의 웅성거림은 일시에 잠잠해진다. 벌거벗은 소년들은 손으로 자신들의 페니스를 잡고 마지막으로 한 번 쳐다본다. 원래 이런 제스처를 하도록 되어 있는 듯하다.

칼을 든 남자는 엄지손가락과 집게손가락을 사용하여 페니스의 표피를 길게 잡아당긴 다음 칼을 대기 좋도록 약간 비튼다. 마지막 순간 소년의 손이 페니스를 방어하려고 하자 남자는 손을 재빨리 치우고는 표피를 잘라 버린다. 페니스에는 더 이상 표피가 없다. 사람들은 환호한다. 박수 소리는 표피가 잘린 소년의 비명 소리를 덮는다. 이제 그는 남자가 된 것이다. 그는 여전히 커다랗게 신음한다. 그러나 신음 소리도 갈채 속에 묻혀 버린다.

이제 다음 차례. 이 소년은 제법 성인 티가 난다. 그때 구경하던 소녀 몇 명이 시끄럽다. 한 소녀가 그 젊은이가 작년에 할례가 두려워 몰래 도망쳤던 청년임을 알아본 것이다. 그녀는 친구들에게 그 이야기를 하고 소녀들은 그 청년을 덮쳐 끌고 온다. 이런 행위는 예로부터 전해 오는 할례 의식 절차 중의 하나라고 한다. 저녁에 소녀들은 자신들의 승리를 축하할 것이다. 아직 피를 흘리는 소년들이 아니라—소년들은 상처가 아물 때까지 기다려야 한다. 한두 달은 족히 걸릴 것이다—다른 남자들과 함께 말이다.

한 사람씩 할례를 할 때마다 칼에서 피가 뚝뚝 떨어진다. 과거에는 우간다에서 아무도 이런 할례 의식을 문제 삼지 않았다. 하긴 앞으로도 마찬가지일 것이다. 아프리카의 모슬렘에게 표피를 절제하는 것은 감염의 근원을 미리 차단하는 것으로 당연하게 받아들여지니까 말이다. 우간다 정부는 미국에서도 유아의 반 이상이 할례를 받는다는 사실을 지적한다. 유럽인들 중에 할례를 받는 사람이 적다는 것에 대해서는 별 관심이 없다.

하지만 그동안에 에이즈가 생겨났다. 모든 소년들이 같은 칼로 할례를 받는 것은 위험한 행위다. 정말이지 완벽한 에이즈 바이러스 전달법인 것이다. 우간다는 반에이즈 캠페인을 가장 활발히 벌이고 있는 모범 국가로서 어떻게든 이런 할례 의식을 시정하고자 노력하고 있다. 소년들이 할례 받을 칼을 각자 준비하든지, 할례를 집행하는 사람이 매번 칼을 깨끗이 씻으면 문제는 해결된다.

그러나 우간다 정부의 10년간의 노력에도 불구하고 이 지역의 관습은 흔들리지 않고 있다. 이는 전래된 관습과 고정관념이 인간의 사고 속에 얼마나 깊이 뿌리 박고 있는가를 보여 준다. 그러니 우간다 정부가 지금까지 이루어 낸 일들이 전체적으로 볼 때는 별 것 아니지만 이런 작은 노력이나마 축하해 주어야 할 것이다. 게다가 많은 아프리카인들은 그들의 가장 시급한 문제를 에이즈로 보지 않는다. 설문 조사 결과 아프리카인들은 기아 문제를 가장 시급하다고 생각하는 것으로 나타났다. 그들에게 에이즈보다 더 중요한 문제는 돈을 벌 수 있는 일자리를 얻는 것이다.

그런 면에서 우간다의 요웨리 무세베니(Yoweri Kaguta Museveni) 대통령은 혜안이 있는 정치가가 아닐 수 없다. 무세베니 대통령은 이미 1986년에 우간다가 당면한 가장 심각한 문제를 에이즈로 보았다. 물론 저절로 된 일은 아니었다. 당시 개최되었던 제3세계 국가정상회의에서 피델 카스트로가 무세베니 대통령을 한쪽으로 데리고 가 에이즈의 심각성을 경고하였던 것이다. 카스트로가 비참한 오두막에서 에이즈로 죽어가는 여자들과 아이들을 직접 목격했기 때문은 아니었다. 다만 우간다의 장교들이 연수를 받기 위해 쿠바에 도착했을 때 쿠바 의사들이 그들을 대상으로 에이즈 검사를 한 결과 60명의 장교 중 무려 18명이 HIV에 양성인 것으로 판명되었던 것이다.

카스트로에게서 이런 사실을 전해들은 무세베니 대통령은 엄청난 충격을 받았다. 무세베니 대통령은 수년간에 걸친 내전을 통해, 야만적이고 잔인하지만 대중에게 인기가 많은 이디 아민(Idi Amin)과 맞서 싸우고 있었다. 그러므로 무세베니 대통령에게 군인들은 미래의 권력을 약속하는 기둥과 같은 존재들이 아닐 수 없었다. 그런데 그들 중 많은 수가 에이즈에 감염되었다니. 무세베니 대통령은 다른 아프리카 정권들과 연대하여 에이즈에 대처하기를 원했다. 그러나 다른 나라 정부들은 에이즈에 무관심했다. 그들은 여전히 식민지 시대 후의 무장 대립에 휘말려 있거나 공연히 반에이즈 운동을 벌이다가 정치적 위험을 무릅쓰게 될까봐 꺼려했다.

에이즈는 80년대 후반부터 사하라 이남 아프리카의 모든 나라에서 급속도로 번지기 시작했다. 병원은 환자로 들끓어 환자는 바닥에 누워 있어야 했으며 그나마 며칠 지나면 새로운 환자에게 자리를 비워 주기 위해 억지로 퇴원해야 했다. 시체실은 시체로 넘쳐 났다. 그러나 아무도 이 끔찍한 전염병을 공개적으로 시인하고자 하지 않았다. 대통령도, 군부도, 교회도, 민중들도 말이다. 에이즈에 걸리는 것은 치욕으로 여겨졌고 가능하면 입 다물고 있어야 할 사안이었다. 사망진단서에는 에이즈가 아닌 말라리아나 폐렴, 또는 결핵으로 기재되었다. 침묵하면서 방치하는 동안 수천, 수만 명이 새로이 전염병에 감염되었다. 아무도 예상하지 못했던 사태였다.

이즈음 유럽과 미국인들은 학자들을 통해 에이즈에 대한 정확한 정보를 입수하였다. 이 정보는 아프리카인들에게도 개방되었다. 유럽과 미국인들은 이 바이러스가 지금까지 알려진 감염성 질병과는 달리 기침이나, 손을 잡는 것, 키스를 하는 것으로는 전염되지 않고 거의는 아무런 보호책 없이 무방비로 이루어지는 성교를 통해서 전염되는 것임을 알았다. 이들 지역에서 위험군으로 꼽히는 사람은 동성애자들과 마약중독자들이었다. 동성애자들은 항문성교를 통해, 마약중독자들은 주사 바늘을

부유한 집에서나 나무 관을 이용할 수 있다. 보통은 시신을 그저 천으로 둘둘 말아놓을 뿐이다. 사망진단서에는 '에이즈'가 아닌 '말라리아'나 '결핵'으로 기재된다.

소독하지 않고 마구 사용함으로써 바이러스에 감염될 위험성이 많았다.

유럽과 미국에서는 에이즈가 전 사회적인 전염병으로 확대될 위험은 그리 크지 않았다. 각 국은 계몽과 캠페인을 벌이는 것으로 충분했다. 그것을 위한 기술과 시스템은 이미 갖추어져 있었기 때문에 상황에 맞게 이용하기만 하면 되었다. 서방 정치인들에게 아프리카에서 성급하게 에이즈에 대항한 대규모 운동을 개시해야 할 이유는 별로 없어 보였다.

오히려 서구에서는 속으로 아프리카의 사망률 증가를 반기는 분위기였다. 에이즈로 인해 검은 대륙의 인구 폭발이 자연스럽게 정지되었으니 말이다. 에이즈 확산 초기에는 아프리카 정부의 원조 요청 같은 것도 없었다. 소시민 권익 보호의 상징적 인물인 넬슨 만델라도 오랫동안 에이즈에 별다른 관심을 기울이지 않았다. 그가 공식석상에서 에이즈를 처음으로 언급한 것은 2000년 7월 어느 회의에서였다. 그는 그때서야 비로소 "우리는 침묵을 깨야 합니다. 에이즈로 인해 아프리카에서는 상상할 수 없을 정도의 비극이 일어나고 있습니다."라고 말했다.

아프리카 정치인들이 오랫동안 무관심했던 사이 수백만의 국민들이 에이즈에 감염되었고 수백만이 때 이른 죽음을 맞았다. 그 책임을 회피하기 위해 그들은 기껏해야 에이즈를 신의 심판으로 여기게끔 여론을 몰아갔다. 각 종교의 사제들이 그 의견을 뒷받침했다.

그랬다. 에이즈는 민족의 치욕거리로 여겨진 나머지 신문에서도, 방송이나 텔레비전에서도 논의되지 않았다. 가족들에게 알리기도 창피한 일로 여겨졌다. 에이즈 환자들은 정상적인 생활을 포기하고 은둔했다. 그들은 저주를 받은 것처럼, 죄 값을 받은 것처럼 치부되었다. 에이즈 환자를 찾아가는 의사들은 없었다. 돈 많은 환자들은 에이즈를 치료할 수 있다고 허풍 떠는 돌팔이 의료인들을 수천 킬로미터를 마다하지 않고 찾아가서는 온 집안의 재산을 탕진했다.

비록 에이즈에 감염된 군인들로 인해 이런 비극이 시작되었다 할지라도 에이즈를 퇴치하기 위한 우간다 대통령의 고군분투는 높이 사야 한다. 물론 그와 친밀한 협력 관계에 있는 미국인들도 조언을 해 주었을 것이다. 어쨌든 간에 우간다 대통령은 아프리카에서 맨 처음 에이즈와 관련하여 국제적인 도움을 요청하였다. 설마 거절당하지는 않으리라는 생각이었다. 그랬다. 거절당하기는커녕 그때부터 우간다는 국제 사회의 관대한 지원을 받았다. 우간다의 에이즈와의 투쟁은 1986년 우간다 보건부 장관이 제네바에서 열린 세계보건회의에서 놀라운 고백을 함으로써 시작되었다.

우간다의 보건부 장관은 연설에서 "우리 우간다의 에이즈 문제는 심각하다. 독자적인 해결은 불가능하다. 도움을 달라."며 간절히 호소했다. 이런 고백과 호소는 신선했다. 이후 우간다가 에이즈와의 전쟁에 쓰는 비용 중 70퍼센트는 여러 방법으로 외국에서 조달되고 있다. 그러나 우간다가 실제로 몇몇 지방에서 에이즈의 확산이 정체 상태를 보이거나 심지어 감소하고 있다고 보고하기까지 비단 돈만이 중요한 역할을 했던 것은 아니다.

우간다는 에이즈와의 투쟁 면에서 아프리카의 모범 국가로 여겨질 만하다. 우간다 대통령은 다른 아프리카 대통령들이 도저히 따라오지 못할 정도로 이 일에 열성을 보였다. 그는 자신의 권위를 특별한 방식으로 활용했다. 마치 선거 운동을 하러 다니듯 여기저기 순회하며 국민들과 에이즈에 대해 대화했던 것이다. 커다란 밀짚모자에 셔츠 위의 단추는

"당신의 아내와 아이들에겐 당신이 필요합니다. 당신의 가족을 보호하십시오. 섹스를 할 때 늘 콘돔을 사용하세요!" 교회는 이런 공식적인 권고를 마음에 들어 하지 않는다.

푼 상태로 말이다.

그가 시골 사람들에게 자주 들려주는 이야기가 있다. "자, 여러분이 사람 키 높이만한 흰개미집 앞에 서 있다고 합시다. 그곳에 구멍이 많이 나 있어요. 여러분은 호기심에 구멍에 손을 넣어 보지요. 그러면 갑자기 뱀이 손을 꽉 뭅니다." 대통령은 잠시 말을 멈추었다가 이렇게 묻는다. "자, 이 책임은 누구에게 있을까요?" 그는 사람들에게 집에서 한번 곰곰이 생각해 보라고 말한다.

콘돔은 아프리카 다른 나라와 마찬가지로 우간다에서도 역시 생소한 물건이었다. 진보적인 우간다 대통령조차 에이즈 감염을 성공적으로 막아 줄 수단으로 콘돔을 지목하기까지 몇 년이 걸렸다. 우간다 국민의 대다수가 기독교인이라는 것을 감안해서였는지도 모른다. 우간다 인구의 70퍼센트가 천주교인이거나 개신교인이다.

몇몇 사제들은 지금도 콘돔 대신 금욕을 권고한다. 그러나 신도들에게 그 말은 잘 먹히지 않는다. 현재 우간다는 연간 5,000만 개가 넘는 콘돔을 수입하고 있다. 자국에 콘돔 공장을 세우는 방안도 추진하고 있다.

'안전한 섹스' 캠페인이 벌어지면서 신문이나 텔레비전에서의 콘돔 광고 금지 규정도 풀렸다. 그후로 콘돔을 무료 배포하는 곳마다 금방 동이 나 버렸다. 도시에서는 콘돔을 약국에서 구입할 수 있지만 대부분의 사람들은 그럴 돈이 없다. 조만간 유엔은 대대적인 콘돔 기부 운동을 벌여야 할 것 같다.

우간다에서 일차적으로 에이즈와 싸워야 할 주체는 보건부였다. 보건부는 에이즈 감시 프로그램을 조직하였고 전 국민을 대상으로 에이즈 계몽을 시작했다. 그밖의 에이즈의 규모를 상세히 파악하고 국가 관리 밖의 모든 활동을 지휘하는 것은 새로운 부서에 맡겨졌다.

우간다 대통령은 보건부 홀로 이 새로운 과제에 대처하는 것은 힘겨운 일이라는 것을 비교적 일찍 파악했던 듯하다. 에이즈 바이러스에 감염되는 사람들은 점점 많아지고 있었다. 아프리카의 에이즈는 우간다에서 제일 처음 전 사회적인 문제로 파악되었다. 그리하여 대통령은 대통령 직속의 에이즈위원회를 설치하여 거의 전권을 위임하였다. 그리고 부위원장으로 주교를 선임하였다. 후에 다른 아프리카 국가들도 이 위원회를 본뜬 비슷한 조직을 만들게 되므로 잠시 이 위원회의 정관을 살펴보는 것이 좋을 듯하다.

에이즈위원회는 우간다 전역에서 에이즈를 예방하고 퇴치하기 위한 모든 활동들을 감독하고 계획하고 통제하도록 되어 있다. 에이즈위원회는 또한 활동의 목표를 정하고 우선 순위를 정해야 한다. 그것을 위해 위원회는 모든 활동들을 아우를 수 있어야 하며 기존의 정책과 프로그램을 성공적으로 실행하는 데 장애가 되는 것이 무엇인지를 파악해야 한다. 또한 각종 원조를 조달하고 그것을 이용할 수 있도록 힘써야 한다. 마지막으로 국민들에게 에이즈에 대해 홍보해야 한다.

주목할 만한 행동 노선이다. 이런 일들을 이루기 위해 위원회는 잘 돌아가는 행정부를 필요로 했다. 우간다의 에이즈위원회는 맨 처음 각 행정 부처에 이런 일들을 골고루 분배하여 실행하고자 하였다. 그러나 이 시점에서 우간다의 현 정권은 거의 일자무식인 이디 아민으로부터 정권을 넘겨받았다는 점을 기억하는 것이 좋을 것이다. 내전 후의 다른 아프리카 정부들처럼 우간다 역시 처음부터 다시 시작해야 했다.

우간다 정부는 국방부, 내무부, 농경부, 교육부, 사회부를 포함한 12개의 부처를 구성한 상태였다. 그런데 에이즈에 관련한 일들을 이들 행정부에 분담해서 진행하는 것은 쉽지 않았다. 우리는 그 일이 얼마나 희한한 상황으로 치닫게 되었는지를 우간다 정부(야당에서 발행한 것이 아니다!)에서 발행한 「오픈 시크리트(Open Secret: 공공연한 비밀)」라는 표제의 책자를 통해 알 수 있다. 이 책자는 우간다 정부 대변인이 언론인들에게 배포한 것으로 대에이즈 투쟁의 선봉에 선 사람들이 작성한 것이다.

「오픈 시크리트」에는 정치적 이야기가 직접적으로 언급되어 있지 않다. 결국 정부의 지원을 받아 작성된 것이니까 말이다. 책자에 따르면 애초에 여러 부처를 통해 가능하면 되도록 많은 그룹이 반에이즈 프로그램에 참여하게 하려던 의도는 10년이 지난 후에도 여전히 의도로만 남았다. 부처마다 에이즈 책임자가 한 사람씩 지명되었으나 다른 직원들은 그에 대해 아무 것도 알지 못했으며 부처 간 에이즈 책임자들 사이에도 별로 접촉이 없었다. 어떤 부처에서는 반에이즈 프로그램이 얼마 지난 후 이름만 남게 되었다. 결국 에이즈위원회가 추진하고자 했던 일들은 행정부 내에서 아무런 진전도 보지 못했다.

그러므로 우간다 에이즈위원회가 정부 관료들을 배제하고 국내외의 모든 민간 주도 단체에게 자유롭게 길을 터 주면서 이룩한 성공은 그만큼 놀랍다. 이번에 우간다 정부에서 새로 발행된 소책자는 굉장히 자기비판적이다. 국가가 처한 상황을 허심탄회하게 논의하고 국가 행정부는 에이즈 캠페인을 벌이기에 역부족이었음을 고백하고 있다. 정부가 자신의 잘못을 솔직하게 시인하는 일은 그리 쉬운 일이 아니다. 이것이 바로 우간다가 국제 사회에서 칭송받는 이유다.

우간다 정부는 정부가 인프라 부족으로 어떤 문제를 감당하지 못할 때 시민 사회가 주도권을 가지고 행동할 수 있도록 인정해 주는 것이 필요하다는 것을 일찌감치 깨달았다. 그리하여 우간다 정부는 국제 구호 단체들이 정부를 거치지 않고 필요한 사람들에게 직접 다가가 그들을 재정뿐 아니라 다른 여러 방법으로 도울 수 있도록 하였다.

NGO, 즉 비정부기구(Non-Governmental Organizations)의 시대가 열렸던 것이다. 우간다의 에이즈 확산 속도가 하강 곡선을 그리게 된 것은 NGO의 힘이었다. 정확한 숫자를 말하기는 아직 조심스럽지만 말이다.

터놓고 대화하기

아빠가 먼저 죽고 이어 엄마가 죽는다. 때로는 반대로 될 수도 있다. 그러면 아이들은 어떻게 될까? 작은 아빠와 작은 엄마에게 가거나 외삼촌이나 고모나 이모 집으로 간다. 고아가 된 아이들은 친척들에게 받아들여진다. 이것은 오랜 풍습이다. 그러나 에이즈 바이러스의 회전목마는 너무 빨리 돌아간다. 그리하여 모두 죽고 가족 중 할머니밖에 남지 않게 되는 경우도 많다. 그러면 이제 열여섯, 열여덟, 스물, 또는 그 이상의 손주들이 할머니의 치맛자락을 붙잡고 살아가야 한다. 우간다 고아들의 반 이상이 이렇게 할머니에게 의존하고 있다.

우간다 에이즈퇴치계획의 소장은 우리더러 서른두 명의 손주를 데리고 사는 할머니가 있다며 찾아가 보라고 권한다. 대도시에서 멀리 떨어진 외딴 시골의 바나나 숲속에 산다고 한다. 우리는 그가 아무렇지도 않게 손주들의 수를 언급하는 것 때문이 아니라, 우간다 정부가 에이즈 고아들을 돌볼 능력이 없다는 사실을 허심탄회하게 시인하는 것에 놀란다. "고아가 200만이나 돼요." 소장은 비통한 음성으로 말한다. "그 수는 점점 늘고 있어요. 우린 정말이지 어찌 해야 할지 모르겠어요."

우리는 일주일 동안 서른두 명의 손주를 거느린 할머니를 찾아다녔
다. 그러나 만나지 못했다. 수소문해 본 결과 그 할머니는 2년 전에 돌아
가신 것으로 밝혀졌다. 아직 소문이 널리 퍼지지 않았을 뿐이다. 아이들
은 다른 가정에 받아들여졌다고 한다. 하지만 굳이 그 할머니를 찾을 필
요조차 없다. 할머니를 찾아 마을과 대나무로 지은 오두막을 전전하면
서 우간다의 적나라한 상황들을 볼 수 있었으니까. 에이즈 전염병으로
부터 시민들을 보호할 능력이 없는 국가는 국내외의 민간 단체로부터
지원을 받고 있다. 유례없는 구호 조처들이 할머니와 무수한 에이즈 고
아들의 삶에 보탬이 되고 있다. 이런 도움이 없다면 그들은 생존하지 못
할 것이다.

다른 아프리카 국가들의 상황도 마찬가지다. 에이즈로 인한 아프리

아프리카식 룰렛. 부모가 먼저 에이즈로 죽고 이제 맏이도 에이즈로 죽어가고 있다.

카의 비극이 통제 불능의 대참사가 되지 않은 것은 모두 NGO 덕분이다. 그러나 NGO는 생색을 내지 않는다. NGO는 생색내는 데 소극적이다. NGO들은 국가의 경쟁자로 나서고 싶어 하지 않는다. 국가의 권위와 경쟁해야 한다면 그들은 기꺼이 굴복할 것이다.

NGO는 가령 우간다 대통령이 후보가 자기 한 명뿐인 선거에서 대통령에 재선된 것을 민주주의의 승리라고 자축하는 것에 일체의 토를 달지 않는다. 그 대통령이 NGO가 자유롭게 활동하도록 해 주기 때문에, 아니 심지어 활동을 지원해 주기 때문이다. 국가의 보조를 받는 민간 단체의 상부 조직은 우간다 정부에 대해 관찰은 하지만 간섭은 하지 않는다. 종교 구호 단체와 인도주의적 사명에 입각한 소규모 시민 단체들의 상부 조직들도 마찬가지다.

우간다에서 활동하고 있는 NGO는 1,000개도 넘는다. 이웃한 케냐와 탄자니아에도 적지 않다. 우간다의 NGO는 아프리카의 다른 나라들과 마찬가지로 활동하는 지방을 벗어나면 아무도 그 존재를 알지 못하는 작은 단체부터 자국민들로만 이루어져 있지만 국제적으로 꽤 알려진 커다란 조직까지 폭넓게 존재한다. 그밖에 본부를 외국에 두고 세계적으로 광범위한 활동을 펼치는 민간 단체들도 있다. 필요한 경우 세계적인 단체의 지휘하에, 그 단체의 도움이 없었더라면 불가능했을 많은 것들을 얻어낼 수 있다. 가령 의약품의 높은 가격에 이의를 제기하고 직수입을 통해 더 싸게 들여온다든지, 무료로 또는 아주 적은 비용으로 HIV 검사를 받을 수 있는 진료소를 더 많이 마련해 주도록 요청하는 것도 가능하다.

처음으로 에이즈 토론 모임을 시작한 소규모 마을들이 있었다. 에이즈 바이러스가 가족과 이웃을 얼마나 참혹하게 만들었는지를 목격한 사람들이었다. 가령 우간다 북쪽의 한 소도시에서는 10여 년 전에 몇몇 여자들이 일요일 저녁마다 에이즈에 관한 경험을 나누는 모임을 결성하였다. 그러다가 구성원 중 한 사람이 갑자기 에이즈에 감염되었음을 알았고 검사 결과 그 남편도 HIV에 양성 반응을 보였다. 그러자 그들은 부부를 돕기 시작했다. 그들은 거기서 멈추지 않았다. 교사, 간호사, 농부, 목사 등 뜻을 같이 하는 많은 사람들이 모이기 시작했고, 그들은 자신들의 모임에 '미팅 포인트(Meeting Point)' 라는 이름을 붙였다.

미팅 포인트 구성원들은 그들 주도하에 얼마나 많은 일들을 이루어 낼 수 있는지에 대해 놀라지 않을 수 없었다. 에이즈 희생자들은 수많은 자원봉사자들의 보살핌을 받을 수 있었다. 지역 안에서 계몽 캠페인을 전개하였으며 처음으로 섹스를 공공연한 대화 주제로 끌어올렸다. 주민들 대다수는 그때까지 에이즈에 대해 거의 알지 못했다. 그들은 에이즈 환자들의 집을 방문하고 식량을 모아 나누어 주었다. 마침내 미팅 포인트는 국가에 의해 정식 NGO로 인정을 받았다. 그리하여 기부금 외에 국가 보조금까지 받게 되었다. 국가는 외국에서 들어온 원조금을 미팅 포인트에 전달한다. NGO들은 이런 외국 지원금에 대해 정부가 정확한 회계장부를 써 주기를 기대하고 있다.

과거에 NGO들은 그들의 활동을 체계적으로 수행하지 못했다. 그래서 우간다의 43개 행정 구역 중 어떤 지역의 에이즈 환자들은 많은 도움을 받았고 어떤 지역의 환자들은 아무 도움도 받지 못했다. 유용한 정보들은 서로 교환되지 않았다. 설립 취지에 특정 종교의 신자만을 돕도록 한정하여 협력이 불가능한 경우도 있었다. 그러나 이제 모든 것은 달라지고 있다. 상부 조직 없이도 민간 단체들이 많은 일들을 하고 있는 것이

아직도 악취 나는 웅덩이에서 물을 길어 오는 사람들. 에이즈 환자들을 돌보는 구호 단체가 우물을 파 주기도 한다.

다. 물론 승용차와 화물차를 동원할 수 없어 어려움이 많지만 말이다.

무엇을 해 주어야 할지 몰라 처음에 의도적으로 배제하였던 사람들까지 끌어안은 것은 NGO 덕분이다. 가령 HIV 검사에서 양성이 나왔으나 아직 이렇다 할 증후를 보이지 않는 사람들이 그랬다. 그들은 언젠가는 자신들이 피부 발진과 멈추지 않는 설사, 그리고 더 나쁜 것들을 동반한 에이즈의 습격을 받을 것이라는 의식으로 고통스럽게 살아간다. 그들 중에는 아이들에게 그들의 질병에 대해 말해야 할까 말까 고민하며 눈물 짓는 부모들도 있다. 우간다에만 약 100만 명의 에이즈 감염자들이 있다. 우간다 국내 민간 단체 중 이들을 가장 활발히 돕는 단체는 'TASO'이다.

TASO는 'The AIDS Support Organization' 의 약자다. 에이즈와 관련

한 모든 지원 활동을 벌이는 단체다. 오늘날 TASO는 우간다 전역에 알려져 있으며 주목을 받고 있다. TASO가 시작될 당시 16명의 창립 인원 중 아홉 명이 수도권에 거주하던 에이즈 감염자였다. TASO뿐 아니라 다른 NGO에도 많은 에이즈 감염자들이 활발히 활동하고 있다.

TASO가 다른 단체에 비해 더 수월하게 활동할 수 있었던 것은 창립 초기부터 영국의 NGO 두 곳에서 재정 지원을 받았기 때문이다. TASO는 처음부터 에이즈 감염자들에게 다시 희망을 주고 삶의 의욕을 불러일으키는 것에 많은 노력을 기울였다. 쉽지 않은 일이었다. 당시 언론에서는 "에이즈에 감염되면 끝장이다. 더 이상 너를 위해 해 줄 것이 없다."라는 식으로 무조건 불안감만 심어 주고 있었기 때문이었다.

관청의 주관하에 라디오와 텔레비전으로 방송되는 반에이즈 프로그램은 둔탁한 북 소리와 함께 시작되었다. 아프리카에서 이런 북소리는 나쁜 소식을 알리는 전형적인 소리다. 거기에 "에이즈는 죽음이다."라는 말이 더해졌다. 각 종교 단체의 설교자들은 에이즈가 죄인에 대한 신의 저주라고 설교했다. 모두 바이러스에 감염될까봐 두려워하고 있었다. 그러나 누구도 에이즈가 말라리아와 비슷한 것인지 아닌지 혹은 악수를 하는 것만으로도 감염되는 것인지 아닌지조차도 알지 못했다.

그래서 버스를 타고 가다가 승객들 중 에이즈 감염자가 있다는 것을 알면 버스를 세우고 감염자를 내리도록 하는 일이 다반사였다. 에이즈 감염자와 같은 공간에서 숨쉬기만 해도 바이러스에 감염될지 모른다는 두려움이 퍼져 있었다. 지금도 시골에서는 이런 일이 일어나고 있다. 국민을 계몽하는 것은 유럽에 비해 기간이 오래 걸린다. 여성의 반 정도와 남성의 3분의 1정도가 학교 교육의 혜택을 받지 못한 문맹자들이기 때문이다.

TASO는 "에이즈와 함께 적극적으로 살아가기"라는 모토를 내걸고 활동하기 시작했다. 그것은 여러 모로 용감한 일이었다. 당시 우간다의 위생 당국에서는 에이즈에 걸린 사람에게 진실을 말해 주는 것은 잔인한 일이라는 의견이 지배적이었기 때문이다. TASO는 환자들과의 지속적인 상담을 통해 "에이즈에 걸렸더라도 고개를 높이 쳐들고 다니라."고 격려했다.

TASO는 또한 환자들에게 가족 중 한 사람이나 절친한 친구에게 속마음을 털어놓으라고 조언하였다. 더 많은 사람들이 에이즈에 대해 허심탄회하게 말하도록 유도함으로써 에이즈에 걸린 것을 치욕으로 생각하는 분위기를 수그러들게 하려는 의도였다. 처음 아프리카에서 에이즈 환자는 중세 유럽의 나병(癩病) 환자처럼 여겨졌다. 에이즈 환자들은 심지어 가정에서도 나병 환자 같은 취급을 받았다.

그런 분위기 속에서 우간다는 아프리카 나라들 중 최초로 저명 인사들로 하여금 공개적으로 "나도 에이즈에 감염되었다."고 '커밍 아웃(coming out)' 하게 하였다. 육군 소령 한 명이 TASO의 권유를 받아들여 군인들 앞에서 자신이 에이즈 감염자라는 사실을 공개하며 에이즈에 관한 연설을 하였다. 그는 전국 순회 강연도 마다하지 않았다. 정부는 이를 침묵으로 용인해 주었고 그는 군복을 벗지 않아도 되었다. 우간다 육군 장교로 남을 수 있었던 것이다. 정부는 그가 계속 에이즈에 대해 홍보하고 감염자를 돕는 단체를 설립하는 것까지 용인해 주었다.

유명 가수도 역시 자신의 에이즈 감염 사실을 공개하면서 이 죽음의 바이러스를 경고하고 나섰다. 그는 자신의 콘서트에서 그런 사실을 밝혔

스스로 만든 배를 가지고 노는 아이. 부모님은 모두 에이즈로 병들어 오두막에 누워 있다.

는데 음악과 에이즈를 연결시켜 더 많은 돈을 벌고자 한다는 오해를 받기도 했다. 그러나 그는 사후 반에이즈 캠페인의 상징이 되었다. NGO들에게 이런 일들은 힘겨운 시작이었다.

　　정부는 민간 단체의 설득에 따라 모든 것을 터놓고 말하는 것이 낫다는 데 의견을 같이 했고 겁주고 위협하는 캠페인을 중단하였다. 전략의 전환은 커다란 플래카드의 등장으로 시작되었다. 10년 후가 지난 지금 많은 사람들이 그 플래카드의 등장에 대해 웃으며 회고한다. 이 플래카드는 집게손가락으로 먼 곳을 가리키는 커다란 손을 보여 준다. 그리고 그 옆에는 "손가락질 하지 마세요. 당신도 에이즈에 감염될 수 있습니다."라고 적혀 있다. 그리고 그 밑에는 "배우자에게 충실하고 금욕함으로써 에이즈를 예방할 수 있습니다."라고도 적혀 있으며 다시 작은 글씨로 "콘돔 사용으로도 가능합니다."라고 되어 있다.

우간다에서 창립된 NGO인 TASO가 성공적으로 활동하고 있다는 소문은 아프리카 바깥까지 퍼져 나갔다. 국제 구호 단체의 재정 지원을 받아 TASO는 수도 밖의 몇몇 병원에 상담 센터를 건립할 수 있었다. 이를 위해 수백 명의 무보수 자원봉사자들이 에이즈 환자를 위한 심리치료사 양성 과정을 밟았다. 에이즈 상담자의 제일 조건은 에이즈에 대한 세부 지식을 갖추는 것이다.

외국의 지원으로 면역 결핍이 많이 진행된 에이즈 환자들을 병원에서 무료로 치료하는 일이 가능하게 되었다. 그 일에서 비싸고 실제 효용성에 대해서는 논의가 분분하며, 폐렴이나 지속적인 설사 같은 합병증에 위험한 의약품들은 배제되었다.

TASO의 성공 사례를 언급하며 한 가지 지적하고 넘어가고 싶은 부분이 있다. 그것은 TASO의 활동이 우간다의 몇 안 되는 행정 구역에서만 이루어지고 있다는 사실이다. TASO는 우간다의 45개의 행정 구역 중 네 곳에서만 활동을 집중하고 있다. TASO도, 다른 민간 단체들도 부족한 의료 인프라를 전부 대신할 수는 없다. NGO의 노력에도 불구하고 의사들이 정글의 마을에 들어가기까지는 아직 많은 시간이 걸릴 것이다.

1980년대 초 우간다에서 에이즈 환자가 처음 발견된 것은 빅토리아 호수 부근에 있는 작은 어촌 마을이었다. 그렇다고 이후 이 마을이 대에이즈 투쟁의 산실이 된 것은 아니다. 정부 차원의 에이즈 퇴치 노력은 아직 수도권에 집중되고 있다. 대신 이 어촌에는 아일랜드의 선교사들이 활동하고 있다. 그들은 처음부터 의료 봉사단으로 파견되었고 병원을 세웠다.

가톨릭 수녀들도 1980년대 말부터 그곳에서 활동을 시작하였다. 수녀들의 활동은 탁월하였고 아무도 쉽사리 따라할 수 없는 성질의 것이었다. 그들의 활동이 깊은 믿음과 기독교적인 이웃 사랑에 기초한 것이기 때문인 듯하다. 수녀들은 아프리카 최초로 빅토리아 호수 부근에 에이즈 환자들을 위한 이동 병원을 개설하였다. 그리고 영국 가톨릭 단체로부터 재정 지원을 받았다. 수녀들이 받았던 유일한 비난은 외국의 종교 단체에 대해 언제나 제기되듯 그들이 이런 도움을 통해 신앙을 전파하려 한다는 것이었다.

하지만 이런 도움이 있기 전에는 아무도 에이즈 환자들을 돌보지 않았다. 오두막에 누워 있는 환자들은 종합병원은 고사하고 임시 진료소조차 갈 기회가 없었다. 많은 사람들은 너무나 일찍 죽어가야 했다. 다른 병에 걸린 사람들도 다르지 않았다. 에이즈는 조금 특별할 뿐이다. 빅토리아 호수 부근의 어촌에는 그때까지 진찰을 받거나 에이즈 검사를 받을 수 있는 임시 진료소조차 존재하지 않았다.

이렇게 의사나 의료인을 구경할 수조차 없었던 황폐한 지역에 지금은 2주에 한 번 세 명의 간호사가 나타난다. 그들은 포장되지 않은 진흙길을 마음대로 다닐 수 있고 물이 말라 버린 강바닥에서도 멈추지 않는 사륜 구동 오프로드 자동차를 타고 다닌다. 운전은 자동차의 잔 고장쯤은 너끈히 해결할 수 있는 운전사가 맡는다. 간호사는 보통 유럽에서 공부를 한 아프리카 수녀들이고 가끔 유럽인도 섞여 있다.

'이동 병원' 이라는 말은 좀 과장된 표현인지도 모른다. 그러나 수녀들은 약품을 구비하고 있으며 에이즈 테스트를 할 수 있다. 종종 옥수수 가루와 쌀 등 식량을 가져다주기도 한다. 교회나 학교 교실, 때로는 커다란 나무 밑이 이동 병원이 된다. HIV 양성 판정을 받은 사람들은 초조하게 수녀들을 기다린다. 면역 결핍으로 유발된 질병에 시달리고 있는 사람들이다. 어떤 사람들은 오두막에 누워 일어날 힘조차 없는 부모나 남매를 방문해 달라고 부탁하기도 한다. 하루 평균 100명이 이동 병원의 진료를 받는다.

아일랜드의 가톨릭 병원에서도 에이즈 전문 의료 봉사단을 구성해 시골로 보내고 있다. 사람들이 무료 진료를 불신하는 것으로 드러났으므로 이제 소액의 진료비도 받는다. 그러나 돈을 낼 수 없는 환자도 거절하지 않는다. 처음 에이즈에 걸린 사람들은 상담도 치료도 받지 않으려 했다. 에이즈가 창피한 것이 아니라고 시골 사람들을 설득시키기까지는 꽤 시간이 걸렸다.

빅토리아 호수 부근으로 파견되는 수녀들이 공통적으로 경험하는 것이 있다. 종교 단체나 NGO도 마찬가지다. 제한된 지역의 사람들을 도와주면서 활동을 개시하다 보면 양심상 그들의 상황을 그냥 보고만 있을 수가 없다. 이런 경험은 그들로 하여금 한걸음 더 나아가 다른 단체와 협력을 모색하고 부가적인 활동을 위한 재정을 확보하고자 노력하게끔 한다.

그리하여 빅토리아 호수 부근의 병원 주변에는 에이즈 환자를 비롯한 수천 명의 에이즈 고아들과 그들을 돌보는 가정에게 도움이 제공되고 있다. 가난한 농부들은 집짓기와 수리에 지원을 받고 있으며 에이즈 환자들을 돌보는 일 외에 건강한 사람들을 위한 계몽 캠페인도 전개되고 있다. 이 모든 것은 수녀들 외에도 교회나 성당에 소속된 봉사자들이 함께 하기에 가능하다.

가톨릭 봉사자 한 사람을 만났다. 그는 아내와의 슬하에 열두 자녀를 두었었는데 이 중 넷을 에이즈로 잃었다. 그는 너무 많은 사람들이 무책임하게 행동한다고 생각한다. 빅토리아 호수 근처로 즐기러 온 상인들은 에이즈 감염 여부를 상관하지 않고 여자들과 관계를 가진다. 그 여자들은 대부분 남편이 이미 에이즈로 죽어서 돈을 대 줄 남자들이 필요한 사람들이다. 또한 누구의 말도 들으려 하지 않는 거리의 아이들이 득실댄다. 이웃해 있는 르완다의 조사에 따르면 그곳 거리의 아이들에게 10년 전부터 섹스는 더 이상 문젯거리도 되지 않는다.

그 봉사자는 에이즈 환자들의 가정을 방문하고 가족들과 상담한다. 환자가 혼자서 지내는 경우 환자를 위해 시장에서 물건들을 사다 주기도 한다. 환자들의 비누와 설탕, 혹은 차 값을 지불하기 위해 자신의 얇은 호주머니를 털기도 한다. 그리고 시골 초등학교의 고아들을 찾아간다. 그 지방의 초등학교는 총 열 개다. 이들 학교는 카리타스 노르베겐

고아들과 돼지들이 함께 쓰레기를 뒤진다.

(Caritas Norwegen) 덕분에 설립된 소위 '이동 초등학교'다. 이동 초등학교라는 이름은 정규 학교를 다닐 수 없는 아이들이 이곳에서 한 달에 2주 동안 수업 받을 수 있기 때문에 생겨난 이름이다. 수업 내용은 현대 농업에 관한 것이다. 봉사자는 그곳 소년들에게 나이 많은 여자들과 사귀지 말라고 호소한다. 쉽게 탈선할 수 있기 때문이다.

자신의 아이들을 에이즈로 잃은 후 더 이상 에이즈에 희생되는 아이들이 없도록 애쓰는 모습은 매우 인상적이다. "나는 사람들과 함께 에이즈에 관련한 이야기를 하기 위해 우리 교구에 속한 여러 지역을 돌아다닙니다. 그리고 시장에서, 교회에서, 술집에서 사람들과 더불어 금욕에 대해, 정절에 대해, 콘돔에 대해 이야기합니다." 고향 사람들을 대상으로 콘돔을 계몽하는 것은 쉬운 일이 아니다. 그는 독실한 가톨릭 신자이며 그의 교회는 금욕을 설교한다. 그는 이렇게 말한다. "나는 술을 마시지 않습니다. 하지만 사람들에게 때로 술을 사지요. 그리고는 사람들과 섹스를 포함한 모든 문제에 대해 이야기하지요. 콘돔이 있어도 그것을 어떻게 쓰는지 알지 못하는 사람들이 많습니다. 나는 콘돔 사용법을 설명해 줍니다. 나 자신은 콘돔을 별로 사용하지 않아요. 그러나 우리나라에는 에이즈 환자들이 너무 많습니다. 나는 사람들이 스스로를 보호해야 한다고 생각합니다. 나는 이런 일을 하면서 행복합니다. 내 충고를 따르면 사람들은 더 오래 살 수 있으니까. 아직도 에이즈에 걸린 많은 사람들은 여전히 숨어 지냅니다. 어떤 사람들은 자신이 감염되었는지조차 알리고 하지 않습니다. 남자들은 가능하면 많은 여자들과 재미를 보고 싶어 합니다. 그래서 여자들에게 자신이 HIV 양성 판정을 받았다는 이야기를 하지 않지요. 여자들 쪽에서 감염 사실을 비밀로 하는 경우도 있습니다.

그것을 밝히면 애인을 잃을 수도 있기 때문이죠."

"우리는 에이즈에 대해 좀 더 솔직하게 이야기해야 합니다."라고 봉사자는 말을 잇는다. "숨은 상처는 오래도록 낫지 않는다라는 말이 있습니다. 물질적인 도움을 기대할 수 있다면 사람들은 더 솔직해 질 것입니다." 에이즈에 대해 솔직하게 말하기! 정말 좋은 이야기다. 우간다는 에이즈에 대해 굉장히 솔직한 정부와 NGO 덕분에 이미 많은 성공을 거두었다.

그뿐 아니다. 우간다는 아프리카 최초로 에이즈와 섹스에 관한 모든 것에 대해 솔직하게 대화하는 것이 중요하다는 것을 인식한 나라일 뿐 아니라 검은 대륙에서 처음으로 새로운 콘돔 개발에 힘을 쓴 나라다. 바로 여성용 콘돔 말이다. 이 콘돔은 유럽과 다른 선진국에는 아직까지 잘 알려져 있지 않다. 또한 선진국에서는 여성용 콘돔의 수요가 별로 많지 않을 것으로 보인다. 그러나 개발 도상국에서는 수년 전부터 일부 약국과 슈퍼마켓에서 남자들의 콘돔과 별도로 여성용 콘돔이 판매되고 있다.

이 여성용 콘돔은 아프리카에서 앞으로 에이즈를 예방하는 주요 수단이 되어 줄 것이다. 남자들에게 콘돔을 사용하라고 설득하는 것보다 여자들에게 콘돔이 자신을 위해 얼마나 중요한지를 이해시키는 것이 더 쉽기 때문이다. 여자들은 이런 콘돔으로 에이즈를 예방하는 데 주도권을 쥘 수 있을 것이다.

여성용 콘돔은 남성용과 같은 재질에 약간 크며, 위쪽 끝에 고무 링이 붙어 있어 성교 전에 질 입구에 고정시킬 수 있게 되어 있다. 베트남과 짐바브웨의 여성들을 대상으로 조사한 결과 여성용 콘돔에 대한 만족도는 매우 높은 것으로 나타났다.

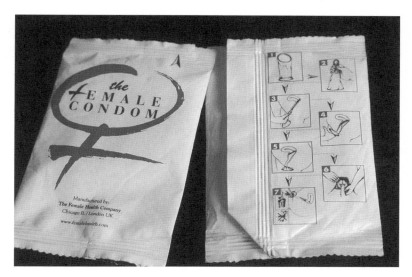

여성용 콘돔. 아직은 비싸다. 하지만 전망은 밝다.

  우간다 국민의 대부분이 기독교인이기 때문에 기독교 NGO들은 처음에 콘돔을 홍보하는 것을 약간 망설였다. 그러나 에이즈를 극복하는 길은 콘돔뿐이라는 사실이 확실해지자 보건부가 나서서 여성용 콘돔의 홍보를 지휘하기 시작했다. 보건부가 발행한 전단지에는 여성을 위한 콘돔이 "성병과 에이즈를 예방하는 부가적 수단"이라고 약간 소극적으로 명시되어 있다. 아직까지는 전단지도, 여성용 콘돔도 널리 확산되어 있지 않다. 이 콘돔의 가격이 비싸기 때문이기도 하다. 우간다를 기준으로 여성용 콘돔 가격은 남성용의 무려 열 배에 이른다.

  보건부 전단지는 여성용 콘돔에 대해 이렇게 설명한다. 이 콘돔은 길이 17센티미터에 직경이 7.8센티미터다. 그리고 촉촉하다. 여자들은 보통 세 번쯤 연습해야 이 콘돔을 올바르게 착용할 수 있다. 콘돔은 성교하기 여덟 시간 전부터 착용하고 있어도 무방하다. 콘돔은 남자가 사정을 하는 것과 관계없이 질 안쪽 벽에 달라붙어 있으며 콘돔의 링은 그리 불편하지 않다. 오히려 콘돔의 링이 쾌감을 높이는 것으로 보고되었다. 남성용 콘돔과 달리 여성용 콘돔은 여러 번 사용할 수 있다. 물론 그러기 위해서는 사용 직후 깨끗이 씻어 놓아야 한다.

그러나 아프리카 여성들이 가장 궁금해 할 사항에 대해 전단지는 설명하지 않는다. 그것은 바로 파트너가 '내가 콘돔을 착용한 것을 알까요?'라는 질문이다. 물론 남자 쪽에서 여자가 콘돔을 착용한 것을 느낄 수 있다. 콘돔 사용 설명서에는 남성의 페니스를 여성용 콘돔 중간에 위치시켜야 한다고 되어 있다. 그러므로 여성 콘돔의 사용에는 파트너의 동의가 전제되어야 한다.

일반적으로 아프리카의 남자들은 여자들과 섹스에 대해, 하물며 콘돔에 대해 이야기를 하려고 하지 않는다. 아무리 부부 사이라도 말이다. 여자들은 남자들에게 순종해야 한다. 연구에 따르면 오늘날 '모든 것에 대해 솔직하게 말하자'는 분위기가 확산되었음에도 불구하고 이 문제만큼은 별반 달라지지 않았다고 한다. 물론 수년간의 계몽의 노력은 효과를 보고 있다. 성인층보다는 청소년층에서 말이다. 청소년들의 생각을 따라 잡는 것은 쉽지 않다. 시골 학생들을 대상으로 한 에이즈 세미나에서 한 영국인 교사가 14세에서 16세 사이의 아이들에게 개의치 말고 궁금한 것들을 물어 보라고 하고는 모든 질문을 기록해 두었다. 나중에 그 선생님은 "솔직히 굉장히 당황했다."고 고백했다.

어떤 남학생은 처녀가 첫 경험에서 에이즈에 걸릴 수도 있느냐고 물었다.

또 다른 남학생은 콘돔 끝에 후추를 뿌리면 곧추 선 페니스가 그것을 이내 감지할 수 있는데 콘돔이 어떻게 에이즈 바이러스의 유입을 방해할 수 있다는 건지 이해가 안 간다고 말했다.

어떤 여학생은 일반적인 방식과는 다르게 성행위를 해도 에이즈에 감염될 수 있는지 궁금해 했다.

또 한 여학생은 파트너가 에이즈를 앓고 있는지를 어떻게 알 수 있느냐고 물었다.

또 다른 여학생은 에이즈에 감염된 여성도 건강한 아이를 낳을 수 있는지에 관심을 표했다.

한 남학생은 동물과의 섹스에서는 어떻게 되는지, 즉 에이즈 환자가 염소와 교미를 하면 염소가 에이즈에 걸리는지, 그리고 나중에 이 염소를 도살하여 그 피를 마시면 그 사람도 에이즈에 전염되는지를 물었다. 다른 아이들도 이런 질문에 비웃는다거나 하지 않았다.

또 한 여학생은 자신은 성교가 어떻게 이루어지는지 구체적으로 알지 못한다고 시인하고는 선생님이 설명해 줄 수 있느냐고 물었다.

또 다른 여학생은 남자가 콘돔을 사용하게 하려면 어떻게 해야 하는지 물었다.

한 남학생은 키스를 통해서도 에이즈를 옮길 수 있는지 물었다.

또 다른 남학생은 여자가 에이즈에 걸린 경우 남자가 사정을 하기 전에 질에서 페니스를 빼면 에이즈에 걸리지 않느냐고 물었다.

에이즈 세미나에서 호기심 가득한 아이들의 질문은 끊이지 않았다. 남학생, 여학생을 막론하고 에이즈가 어디에서 연유한 것인지, 바이러스는 어떻게 퍼지는지, 에이즈에 걸리지 않으려면 어떻게 해야 하는지, 에이즈 바이러스를 볼 수 있는지, 신생아가 모유를 통해서도 감염될 수 있는지…….

미국 사람들이 아프리카로 에이즈를 들여온 것이 아니냐는 질문은 나오지 않았다. 대신 몇몇 지역에 퍼져 있는 다른 견해가 제시되었는데, 한 남학생이 "서구의 학자들이 일부러 우리에게 에이즈 바이러스를 퍼뜨렸다는 이야기가 있습니다. 그들이 만든 에이즈 약이 팔리는지 보려구요. 아마도 근거 없는 이야기인 것 같은데, 선생님 생각은 어떠세요?"라고 물었다.

콘돔을 사용하는 혹은 무방비 상태의 성교, 일부다처제, 매춘, 콘돔에 대해서는 그동안 많이 이야기되고 있어 모든 아프리카인들이 자기들의 애정 생활과 에이즈 사이의 관련성에 대해 분명히 아는 것 같다. 아직 완전하지는 않지만 말이다.

무엇보다 일간지나 잡지에 실린 독자들의 물음과 편집자의 답변란을 읽어 보면 아프리카가 이제 제대로 된 길에 들어섰다는 것을 확인할 수 있다. 다음 예는 독일의 「차이트(Zeit)」지에 비견할 수 있을 정도로 정치 색채가 강한 아프리카의 유명 주간지에서 인용한 것이다. 한 여성 독자가 이렇게 묻는다. "저는 스물셋이고 제 파트너는 스물아홉입니다. 섹스는 많이 해도 상관없는 건가요? 제 파트너와 저는 지금 하루에 두 번 정도 사랑을 나눕니다. 그러나 파트너에게 그것은 충분하지 않은 것 같습니다. 그는 그 외에도 마스터베이션(자위행위)을 하니까요. 또한 제 파트너는 섹스를 할 때마다 곧장 삽입하려고 합니다. 전희 같은 것에는 관심이 없어요. 어떻게 해야 할까요?"

편집자의 충고. "섹스를 많이 하는 것은 해롭지 않습니다. 그것은 즐거움을 주지요. 섹스에서 기쁨을 느낄 수 없다면 섹스에 흥미를 갖게 해 줄 여러 가지 것들을 떠올리도록 해 보십시오. 파트너가 자위행위를 한다는 것은 그가 또 다른 방식으로 자신을 충족시키고 있음을 의미합니다. 흥분되어 있을 때 이런 방식으로 진정할 수 있지요. 마스터베이션은 별 의미가 없습니다. 가령 잠을 더 잘 자기 위해 마스터베이션을 할 수도 있으니까요. 당신의 파트너는 아주 정력이 넘치는 남자 같습니다. 자위행위는 파트너가 당신에 대한 정조를 지킬 수 있도록 하는 데 도움을 줄 것입니다. 전희에 관해서는 파트너에게 당신이 멋진 오르가즘을 느끼고 싶다고 말해 보십시오. 삽입하기 전에 당신의 성감대를 쓰다듬어 주는 것이 어떻겠느냐고 물어보십시오. 그것도 도움이 안 되면 당신의 파트너가 그냥 단순한 연인이라고 생각하고 만족하십시오." 다시 한 번 말하지만 이런 글이 실린 잡지는 정치색 짙은 잡지다.

오랜 시간 위선적인 점잔 떨기가 계속된 후 이제 아프리카의 시계추는 반대 방향으로 강력하게 움직이고 있는 듯하다. 섹스에 관한 이야기로 귀결되게 마련인 에이즈에 대한 토론은 아프리카에서 남녀 평등으로의 힘겨운 발걸음을 조심스레 내딛게 한다. 우간다의 20개가 넘는 민영 라디오와 텔레비전 방송에서는 에이즈에 관한 공식적인 계몽이 이루어지고 있다. 그 중 정부가 관할하는 방송은 라디오 방송 한 개와 텔레비전 방송 한 개다. 또한 글을 읽을 수 있는 사람은 30개가 넘는 일간지와 각종 잡지로부터 정보를 얻을 수 있다.

정당을 하나만 두도록 되어 있는 나라의 민주주의가 우리가 생각하는 이상적인 민주주의는 아닐지라도 우간다 정부는 의사 표현과 언론의 자유를 새로운 헌법에서 보장하고 있고 그 약속을 지금까지 잘 지켜 오고 있다. 국내외 NGO들은 거기서 중요한 역할을 하고 있다. NGO들이 방해받지 않고 일하려면 자유로운 분위기가 필요하다는 것을 대통령은 잘 알고 있다. 현재 우간다의 예산 중 반 정도가 외국 원조로 채워지고 있다. 미국인들은 군사적인 도움을 주고 있다. 우간다가 전략상으로 중요하기 때문이다.

그러나 우간다에는 선진국들의 기부와 국제적 조직의 도움을 유도하는 정치적인 자유뿐 아니라 유감스럽게도 관료들의 부패 역시 만연해 있다. 에이즈에 대한 적절한 대처로 아프리카의 모범 국가로 칭송받고 있던 우간다가 정부 수뇌부와 관료들의 대규모 뇌물 수수 행위로 갑자기 국제적인 비난을 사고 있는 것이다. 만약 관료들이 외국의 지원금이라도 챙긴 것으로 드러난다면 에이즈에 대한 성공적인 대처보다 훨씬 많은 파장을 불러일으킬 것이다.

에이즈에 관한 한 고무적인 숫자가 드러나고 있는 것이 사실이다. 설문 조사 결과 청소년들은 그들의 첫 성 경험을 좀 더 늦은 시점으로 연기하고 있음이 드러났다. 첫 경험 희망 나이가 12~13세에서 15~16세로 늦추어진 것이다. 임산부의 에이즈 감염률은 30퍼센트 이상에 육박했으나 이제 10퍼센트 이하로 낮아졌다. 매춘부들은 손님들에게 콘돔 사용을 의무화하고 있다. 이제 우간다에서는 전에 비해 에이즈 감염률이 대폭 줄어들 것이다. 이런 통계들이 틀린 것이 아니기를, 그리고 이런 의미에서 우간다가 사하라 이남 아프리카의 모범이 되기를 바란다.

에이즈 없는 세상을 꿈꾸며

귀중한 성냥을 아끼기 위해 쿤카다는 전날 불을 피웠던 자리에 무릎을 꿇고 앉아 두꺼운 재를 밀어내고 희미하게 남은 불씨를 입으로 분다. 마른 땔감들은 준비해 둔 상태다. 하지만 쿤카다의 작업은 계속해서 터져 나오는 마른기침 때문에 오래 지속되지 못한다. 그러다 가슴에서 뿜어져 나온 기침이 까만 재를 들쑤시는 바람에 쿤카다의 얼굴은 금방 재 투성이가 된다. 뜨거운 이마 위의 땀방울을 닦아 내다가 고운 재가 눈에 들어가자 쿤카다는 절망적으로 몸을 흔든다. 그러나 다시금 불씨를 불기 위해 허리를 굽힌다.

쿤카다는 우어줄라 마이스너를 보고 영어로 "굿 모닝 써(Good morning, Sir)"라고 인사한다. 장난으로 하는 인사가 아니다. 이것은 쿤카다가 학교에서 배운 유일한 인사말이다. 쿤카다는 이 인사말이 남녀 구별 없이 통하는 것인 줄 안다. 쿤카다는 열다섯이다. 하지만 잘 해야 열살 정도로밖에 보이지 않는다. 완전히 밀어 버린 머리에 눈만 커다랗다. 몸은 바싹 야위었고 팔다리는 앙상하여 손발이 유난히 커 보인다. 색이

고운 옷도 이미 시작된 피부 발진을 모두 가리지는 못한다. 쿤카다는 에이즈 환자다.

쿤카다의 삶은 말라위의 40만 명에 이르는 에이즈 고아들의 삶과 별로 다르지 않다. 많은 아이들이 쿤카다처럼 부모를 모두 잃었다. 부모는 에이즈로 사망하고 종종 남매들만 남는다. 쿤카다에게는 오빠가 있다. 오빠는 남의 집 농사일을 돕고 일당으로 1유로도 채 안 되는 돈을 번다. 덕분에 여동생과 할머니는 구걸을 하지 않아도 된다. 쿤카다네가 다른 집에 비해 특히 가난한 건 아니다. 말라위의 1,000만 인구 중 60퍼센트의 일 년 수입이 40유로 미만이다. 가난한 나라다.

쿤카다를 조금은 특별한 아이로 만들어 준 것은 월드비전을 통해 결연된 바이에른의 후원자다. 쿤카다는 오두막 구석에서 독일에서 온 편지를 꺼낸다. 편지는 너덜너덜하다. 읽을 수는 없어도 쿤카다가 계속 손에 들고 다녔기 때문이다. 게다가 여러 번 물에 젖기도 했다고 쿤카다는 멋쩍은 듯이 말한다. 비가 오면 모두 물세례를 받을 수밖에 없다. 짚으로 된 지붕은 빗물이 새고 오두막에는 편지를 보관할 함이나 장이 없기 때문이다.

독일에서 국제 구호 기구 월드비전은 초교파적인 기독교 공익 단체로 등록되어 있다. 즉 독일 NGO인 것이다. 2001년 월드비전 독일 지부는 36개 국에서 7만 6,437명의 아이들을 도왔다. 후원자는 월 30유로, 즉 하루 1유로씩을 송금한다. 후원 관계는 결연된 아동에게만 국한되지 않는다. 그렇다면 결연 아동은 혼자 호강하는 아이로 다른 아이들의 부러움과 미움을 사게 될 것이다. 후원 관계는 결연된 아이들뿐 아니라 가족들과 마을 전체에 유익을 준다. 일단은 아이의 교복과 학비만 후원될 수

월드비전이 마사이 족을 위해 수도를 놓아 주었다. 행복해 하는 두 소녀의 모습. 이들은 이제 가족들을 위해 몇 킬로미터 떨어진 곳에서부터 물을 길어 나를 필요가 없게 되었다.

도 있지만 후원 영역은 곧 주변으로 확대된다.

후원자가 후원 신청을 하면 그들은 곧 도울 아이의 사진을 받는다. 사진 속의 아이는 감사하다고 말하고 싶은 듯 방긋 웃고 있다. 그러나 아이들이 진짜 후원자의 품에 안긴다면 그들은 눈물을 흘릴 것이다. 후원자들 덕분에 자신들의 삶이 얼마나 변화되었는지를 생각하면서 말이다. 후원자들로 인해 아이들의 일상에는 희망이 생긴다. 형편은 여전히 어렵지만 그들은 자족이라는 평범한 진리를 배운다. 그러나 도움이 없는 곳에는 희망도 없다.

우리 안내인이 쿤카다의 해어진 편지를 들고 알아볼 수 있는 만큼 바이에른에서 보낸 후원자의 인사를 번역해 준다. 후원자 가족이 스키 휴가를 가서 쓴 편지다. 우어줄라 마이스너는 쿤카다에게 눈이 뭐고, 스키가 뭔지를 설명해 주려고 애를 쓰지만 헛수고다. 냉장고처럼 춥다는 비유도 통하지 않는다. 냉장고를 본 적도, 들은 적도 없으니까 말이다.

진흙으로 지은 쿤카다네 오두막은 가족들에게 아직 에이즈가 존재하지 않았을 때에 직접 지은 것이다. 다른 집들도 마찬가지다. 쿤카다네 집은 이 지방에서 흔히 볼 수 있는 언덕 위에 있다. 경치는 매우 좋다. 마치 두더지가 언덕들을 조심스럽게 쌓아 놓은 것처럼 보인다. 우기에 이 언덕은 초록색으로 덮인다. 그러다가 건기가 되어 몇 달 동안 비가 오지 않으면 모든 것은 시들어 버린다. 쿤카다에겐 친구 한 명이 있다. 베아트리체라는 여덟 살 소녀다. 쿤카다와 베아트리체는 함께 야생 시금치를 캔다. 야생 시금치는 요긴한 식량이 되어 준다. 그들은 땔감을 모아 물과 소금을 넣어 시금치를 요리한다.

쿤카다와 베아트리체는 함께 학교에 다닌다. 둘은 아침마다 만나서 어울려 논다. 물론 장난감 같은 것은 없다. 남자 아이들은 바나나 나무 잎을 둥글게 엮어 공이랍시고 차고 다니지만 둘은 그런 걸 가지고 놀지는 않는다. 쿤카다와 베아트리체는 오두막 앞에서 서로 마주보고 팔을 벌리고는 손바닥 치기 놀이를 한다. 한 번은 왼쪽, 한 번은 오른쪽 이렇게 번갈아 가면서 말이다.

이 놀이는 무료한 시간을 보내는 데 더할 나위 없이 좋다. 쿤카다와 베아트리체는 얇은 갈색 마분지를 묶어 만든 작은 노트와 몽당연필을 가지고 학교에 간다. 쿤카다와 베아트리체의 옷은 유난히 깨끗하다. 교복을 입고 등교하지 못하면 이처럼 깨끗한 옷을 입는 것이 의무 사항이다. 오빠가 버는 돈으로는 쿤카다의 옷값을 대지 못한다. 옷은 바이에른의 후원자가 보내 주는 돈에서 충당된다. 일주일에 두 번씩 이용하는 비누도 마찬가지다.

더러운 옷을 입고 학교에 가면 선생님은 즉각 집으로 돌려보낸다. 가정 형편상 비누 살 돈이 없다는 사실을 알고 있다 해도 봐주는 일은 없다. 스쿨버스가 멀리 사는 아이들을 태우러 오지도 않는다. 아이들은 군데군데 날카로운 돌이 박혀 있는 흙길을 맨발로 뛰어 학교에 다니고, 비가 많이 오면 마치 얼음판이나 되는 듯이 붉은 진흙길에서 미끄럼을 탄다. 그럴 때는 학교에 가지 않는 편이 낫다. 맨발로 경사진 진흙길에서 미끄러지며 언덕을 오르기가 너무 힘이 들기 때문이다. 학교가 파한 후 언덕을 내려갈 때는 반대로 멈추기가 쉽지 않다.

이곳에 학교가 세워진 건 월드비전 덕분이다. 10년 전 말라위의 새로운 정권은 학교 보조금을 끊어 버렸다. 말라위 정부는―다른 아프리카 정부들과 마찬가지로―갑자기 두 배나 많은 아이들이 수업을 받으러 나

학교에서의 에이즈 수업.

타날 것이라고는 예상하지 못했다. 학교는 아이들로 넘쳐났다. 이 지방의 아이들은 학교에 다니고 싶어도 다닐 수 없었다. 그리하여 월드비전이 지식에 굶주린 아이들을 위해 학교를 지어 주었다. 이런 에피소드는 그 어떤 설문보다도—부모들이 학비를 댈 수 없어서 그렇지—아이들이 얼마나 지식에 굶주려 있는지를 보여 준다.

학교 건물은 보잘 것 없다. 따뜻한 기후가 경비를 절약하는 데 도움을 준다. 교실은 지붕이 있고 바닥은 시멘트로 발랐다. 하지만 그밖에는 사방이 뻥 뚫려 있다. 나무 벤치도 한정되어 있어 많은 아이들은 맨바닥에 앉아 수업을 받는다. 그러나 아이들은 개의치 않는다. 아이들은 바닥에 웅크리고 앉는 걸 좋아한다. 또한 모든 선생님이 칠판을 사용할 수 있는 게 아니다. 칠판은 굉장히 비싸다. 교사도 부족하다. 그래서 오전 수업 시간에 선생님은 이 반 저 반 돌아다니며 수업을 한다.

정부가 다시 학교 보조금을 책정하여 교사의 월급을 충당해 준다면 월드비전과 같은 구호 단체들이 더 많은 아이들을 위해 학비를 부담할 수 있을 것이다. 모두를 도와 주는 것은 불가능하다.

쿤카다는 수학 수업을 따라가기 위해 애를 쓴다. 2 더하기 5는 7이고, 3 더하기 3은 6이라는 걸 막 배운 상태다. 쿤카다 반의 선생님은 그래도 칠판에 분필로 써 가면서 가르친다. 옆의 1학년 반은 칠판을 아직 사용하지 못한다. 그 반에서 선생님은 바닥에 작은 돌들을 가져다 놓고 돌을 세면서 몇 개를 뺐었다가 다시 몇 개를 더하곤 한다.

쿤카다는 산수 시간에 다른 아이들처럼 즐겁게 웃을 수 없다. 여러 주 수업을 빼먹은데다 학교에 오면 기진맥진한 상태가 되기 때문이다. 쿤카다는 자신이 뒤쳐져 있다는 것을 느낀다. 쿤카다는 면역 결핍의 결과로 결핵을 앓고 있다. 설사도 계속되어 점점 몸무게가 빠지고 있다.

하지만 제법 멀리까지 가도 제대로 된 병원은 없다. 임시 진료소뿐이다. 이곳에 앰뷸런스가 있다는 소리는 누구한테도 들어 보지 못했다. 승객들을 메다꽂지 않고 돌 많은 비포장도로를 다니기 위해서는 거대한 바퀴가 달린 앰뷸런스가 있어야 할 것이다.

쿤카다처럼 운이 좋은 경우는 월드비전의 오프로드 자동차가 임시 진료소까지 실어다 주기도 한다. 그러지 않고는 병원까지 걸어가거나 원시적인 리어카나 가족들이 손수 만든 들것에 실려 병원까지 몇 시간을 가야 한다. 많은 환자들은 아무런 의료적 처치를 받지 못하고 그냥 집에서 죽어간다. 특히 말라리아에 걸려 고열이 나는데 병원은 너무 멀리 있을 때 말이다.

환자들은 병원에 갈 때 침대에 깔 것을 손수 준비해 가지고 가야 한다. 병원의 녹이 슨 철 침대에는 매트리스가 없는 경우가 많다. 환자들이 가지고 가는 것은 대부분 더러운 이불이나 지저분한 스펀지 조각이다. 어떤 사람들은 아무 것도 깔리지 않은 침대에 그냥 누워 있기도 한다. 임시 진료소에서는 식사도 제공되지 않는다. 약은 무료인 것도 있고 환자가 약간 부담해야 하는 것도 있다. 약이 있기나 하면 다행이다. 임시 진료소의 의사들은 월드비전 간사들이 약을 늘 무료로 공급해 주는 것을 당연하게 생각한다.

쿤카다의 결핵은 아직 완전히 낫지 않았다. 피부 발진도 마찬가지다. 쿤카다는 여전히 기침을 해 댄다. 그러나 열이 내리고 설사가 일시적으로 멈추었기 때문에 쿤카다는 병원에서 퇴원했다. 상태가 더 심한 사람들에게 침대를 넘기기 위해서다. 병원에 있는 동안 할머니는 양은 냄

비에 죽을 쑤어 오빠를 시켜 병원까지 나르게 했다. 얼마 전 월드비전 간사가 커다란 박스에 옥수수와 감자와 소금을 담아 가져다 주었다.

몸이 좋지 않음에도 불구하고 방과 후 쿤카다는 물을 길어와야 한다. 쿤카다는 물을 길어오기 위해 더럽고 해어진 옷으로 갈아입는다. 아프리카에서 물을 길어오는 것은 아이들 몫이다. 어른들은 그 일을 아이들에게 시킨다. 어렸을 때 자신들도 그 일을 했기 때문이란다. 예전에 쿤카다는 악취 나는 웅덩이에서 물을 길어오거나 물을 찾아 몇 시간을 걸어 간신히 길어오곤 했다.

하지만 월드비전 덕분에 이제는 늘 깨끗한 물을 얻을 수 있게 되었다. 월드비전이 수도를 놓아 주었다. 쿤카다는 다른 아이들과 함께 줄을 서서 얌전히 차례를 기다린다. 수도가 어떻게 생겨났는지 등을 알리는 표지판 같은 것은 없다. 월드비전은 그렇게 겸손하다. 수도가 생긴 지 이삼 주 지나자 수도는 오래전부터 있었던 듯 아주 친숙한 것이 되었다.

쿤카다는 양동이 가득 물을 받아 머리에 이고 오두막으로 돌아간다. 집에서 샘까지는 이삼백 미터밖에 되지 않는다. 몸이 괜찮을 때면 다른 집에 물을 길어다 주고 약간의 돈을 받아 할머니에게 가져간다. 할머니는 새 이불을 사기 위해 돈을 모으고 있다. 아직 건강하고 정정한 할머니가 병든 손녀의 집안일을 약간 덜어 줄 수 있을 것 같은데 할머니는 그렇게 하지 않는다. 할머니가 자신의 임무를 무엇보다 아이들을 감독하는 데 있다고 생각하기 때문이다.

쿤카다네 마을과 근처 스무 개의 마을이 우연히 월드비전의 도움을 받을 수 있게 된 것은 월드비전이 추진하고 있는 말라위의 다른 25개 프로젝트에서처럼 지역 전문가가 월드비전에게 추천하였기 때문이다. 월

20리터 정도 들이의 물동이를 머리에 이고 가는 소녀. 에이즈로 인해 부모를 잃었으며 자기도 에이즈를 앓고 있는 이 소녀는 물을 길어 나르는 일로 번 돈을 할머니에게 가져다 준다.

드비전이 가장 중점을 두는 분야는 늘 아이들을 돕는 것이다. 에이즈가 빚어 낸 참상으로 인해 이 일은 더욱 시급한 사안이 되었다. 일이 진행되려면 세부적인 계획과 그에 따른 예산안이 만들어지고 본부의 허락이 떨어져야 한다. 모든 일은 꼼꼼하게 진행된다. 마을을 돌아다니는 직원들은 늘 회계 장부를 지참한다. 아이들이나 그들을 돌보는 가족들에게 무엇을 제공했는지 꼼꼼히 기입하고 업무를 보조하는 현지 직원 두 사람의 서명을 받아야 한다. 확인하는 직원들이 꼭 남자일 필요는 없지만 자국민이어야 한다.

맨 처음 현지인들에게 이런 장부는 낯설었을 것이다. 그러나 그러는 사이에 그들도 이런 장부에 익숙하게 되었고 후원자들이 자신들의 돈이 어떻게 쓰이는지를 알고 싶어 한다는 것을 이해하게 되었다. 사무실에서

처음 볼 때는 너무한다는 생각이 든다. 그러나 꼼꼼한 회계 장부 정리만이 후원자들의 기부금을 의혹 없이 사용했다는 증거가 될 수 있다.

는 매일 매일의 지출이 예산안과 대조된다. 재정 관리는 월드비전의 가장 중요한 업무다. 부정이나 횡령 사건이 있으면 시스템이 아니라 사람들이 책임을 진다. 공인회계사에 의해 연간 결산 보고가 제출되며 수입, 지출 목록이 공개된다. 재정 관리의 소홀은 호된 결과를 부를 수 있기 때문이다. 아프리카 정부가 월드비전의 이런 철저함을 배울 수 있었으면 좋겠다.

사람들을 돕는 것—아무리 아이라 하여도—이 세간의 주목을 받게 되는 경우는 기껏해야 지진이나 홍수 혹은 다른 천재지변이 일어났을 때이다. 평범한 일상 속에서 베풀어지는 도움들은 대서특필되지 않는다. 월드비전이 세계적으로 주목을 끌지 않는 것도 다 이런 이유다. 월드비전 활동의 기본 방법을 고안해 낸 사람은 월드비전의 창시자 밥 피얼스(Bob Pierce) 목사였다. 세월이 흐르면서 밥 피얼스의 이야기는 전설이 되었다.

줄여서 밥 피얼스라 불렸던 로버트 월러드 피얼스(Robert Willard Pierce)는 신앙심 깊은 미국인으로서 젊은 시절 중국의 작은 섬에 있는 기독교 학교에서 중국 아이들을 가르치고 있었다. 당시 밥은 서른두 살이었다. 그런데 그가 가르치던 여학생 중 하나가 아버지에게 자신은 이제부터 예수 그리스도를 믿는다고 말했고 아버지는 그 여학생을 심하게 때린 후 내쫓았다. 이 아이는 교장의 부인을 찾아왔다. 교장의 부인은 난감해 했다. 그녀에게는 슬하에 이미 여섯 남매가 있어서 얇은 월급 봉투로는 일곱째 아이를 보살필 능력이 안 된다고 생각했기 때문이었다.

그때 밥 피얼스는 비통한 표정으로 "지금 내가 가진 돈은 5달러가 전부입니다."라고 말했다. 그러자 교장의 부인은 "처음에는 그것으로 충분

합니다. 이제부터 매달 5달러씩 보내 주시면 그 아이를 내 아이들과 함께 먹이고 재우겠습니다."라고 말했다. 이 일을 계기로 밥 피얼스는 아동 결연에 대한 생각을 처음으로 하였다. 그리고 나중에 종군 기자로 한국 전쟁에 참여하면서 이런 생각을 처음으로 실행에 옮겼다. 그는 미국의 동향인들에게 한국 전쟁 고아들의 참상을 전하며 후원 요청을 했고 감동을 받은 기독교인들은 후원금을 보내기 시작했다. 그리하여 미국에 본부를 둔 월드비전이 창시되었다.

그후 50년, 월드비전은 세계 최대의 민간 구호 단체로 성장했다. 오늘날 월드비전은 100개국에 지부를 두고 연간 7,500만 명을 돕고 있으며 그 중 200만 명은 아동이다. 각국의 월드비전은 서로 긴밀하게 연결되어 있으며 계속 초교파적인 특성을 유지하고 있다.

미국 대학생들이 열광하는 노래가 하나 있다. 이 노래는 "미국이 아니면 그 어느 곳에서"라는 노랫말로 시작된다. 대학생들은 손에 손을 잡고 그 노래를 부르며 눈시울을 적시고 미지의 것을 향한 용기가 있었던 선조들을 기린다.

그렇다. 바로 월드비전도 코카콜라, 맥도널드 그리고 마이크로소프트사를 가능하게 했던 성공의 정신을 불태웠을 것이다. 그외 '효율성(Efficiency)'이라는 정신도 중요했다. 미국 사람들에게 효율성은 능력, 근면, 의욕, 절제, 실용적인 사고 등의 종합 개념이다. 월드비전에겐 여기에 하느님에 대한 믿음과 기독교적 사랑이 추가된다.

효율성은 서류에 명시될 수도, 규칙으로 정할 수도 없는 내용이다. 그러나 그것은 굳이 말로 표현하지 않아도 월드비전 본부의 정신에 따라 각국의 월드비전 지부에 스며들어 있다. 나는 아프리카의 수많은 월드비전 사무실을 방문하였고 기독교적 믿음과 쌍을 이루는 효율성이라는 개념이 실제 활동에서 어떻게 드러나는지를 뼈저리게 경험하였다.

오늘날 월드비전 같은 기독교 구호 단체가 아프리카에게 어떤 매력이 있는지를 이해하기 위해서는 아프리카를 직접 체험하는 것이 중요해 보인다. 아프리카를 직접 체험하는 게 비참한 오두막을 구경하고 결연 아동들을 만나 대화하고 에이즈 환자들에게 그들이 아직 희망이 있는지를 물어 보는 것은 아니다. 한 나라의 영혼은 그런 것으로 알 수 없다.

아프리카의 정부 관료들은 정부가 아니라 교회가 국민들과 긴밀한 관계를 맺고 있다고 말한다. 아프리카 인구의 90퍼센트가 주말이면 교회나 성당으로 간다. 그곳에서 집처럼 편안한 기분을 느낀다.

빅토리아 호수 부근의 주말. 기부금으로 15년의 공사 끝에 색색의 스테인드글라스로 화려하게 장식된 거대한 콘크리트 성당이 완성되었다. 마치 3000년대의 아프리카 모습을 미리 보여 주는 듯하다. 일요일마다 가톨릭 신도들은 성장을 하고 미사에 참석한다. 독일에서는 축일에나 볼 수 있는 광경이다. 신부가 강론을 하는데 옆에 앉은 사람과 소곤거리는 사람은 못마땅하다는 눈초리를 받거나 조용히 하라는 경고가 주어진다.

모든 것은 정확한 규칙에 따라 이루어진다. 모두 앞에 기도서를 펴 놓고 있다. 찬양집은 성당측에서 나누어 준다. 바쁘게 성당을 향하는 사람들은 말을 붙이기조차 힘들 정도다. 이것은 자못 유럽인 듯한 착각에 빠지게 하는 도시의 아프리카다. 인구의 약 20퍼센트가 거주하는……. 그러나 80퍼센트의 인구는 예나 지금이나 시골에 거주한다. 그들에게로 한번 가 보자.

도로변. 함석으로 지은 기다란 가건물은 신도들이 절약하여 모은 돈으로 직접 지은 교회다. 낡은 해먼드 오르간(Hammond organ: 미국의 로렌스 해먼드가 발명한 전자 오르간의 일종) 소리가 바깥까지 울려 퍼지지 않는다면, 사람들이 입구까지 들어차 기도하는 모습이 보이지 않는다면, 아무도 이 창고 같은 가건물을 교회로 여기지 않을 정도다. 이따금 색색의 머릿수건을 쓴 엄마들이 버둥대는 아기를 데리고 나온다. 그리고 바깥에서 소변을 보게 한다. 평소 오두막 앞에서 하던 것처럼 말이다. 그리고 다시 아이들을 데리고 예배당으로 들어간다. 마을에서 이곳까지는 걸어서 두세 시간 거리다. 집에 갈 때도 그만큼 걸릴 것이다. 교회 벽에 낡은 자전거 네 대가 기대어져 있다. 그외의 사람들은 당연한 것처럼 걸어 다닌다.

엄마들은 아이를 등에 들쳐업어서 찬송 부를 때 다른 사람들처럼 박수를 칠 수 있다. 교회 바닥은 아직 시멘트가 발라져 있지 않다. 출구 왼쪽 옆 회중석에 있는 모래 더미가 곧 시멘트를 바를 예정임을 암시한다. 우기에 진흙 바닥에서 예배드리는 일은 참으로 힘들었을 것이다. 누군가 장식으로 두 가지의 식물을 꺾어다 작은 화분에 꽂아 놓았는데 축 늘어져 있다. 예배 중 대부분의 신도들에게 목사의 모습은 보이지 않는다. 신도들과 같은 높이에 서 있기 때문이다. 언젠가는 연단이 마련되어야 할 것 같다.

해먼드 오르간의 전주에 이어 찬송이 시작된다. 오르간 소리와 찬양 소리는 놀랍게 조화를 이루어 함께 찬양하거나 회중들처럼 상체를 리듬 있게 흔들고 싶은 마음이 들게끔 한다. 나무 벤치에 앉아 있는 몇 안 되는 사람들은 심지어 무릎까지 흔든다. 회중들은 대다수가 젊은 사람들로 구성되어 있는데 찬양을 부르며 연신 "할렐루야!"를 외친다. 아이들은 박수를 친다.

주일 예배는 서너 시간 동안 계속되며 더 오래 걸릴 때도 있다. 찬양과 기도 사이사이, 그리고 설교가 끝난 후 목사와 개인적인 대화 시간이 마련되어 있기 때문이다. 대화가 끝나면 다시 기도가 이어진다. 목사는 "하나님을 따르라."고 권면한다. 신도들은 목사에게 결혼에 대한 상담을 하고 에이즈에 관해 질문을 한다. 곧 비가 올 것인지도 묻는다. 사람들에겐 터놓고 이야기할 수 있는 사람이 필요한 것이다.

원칙은 간단하다. 구호 단체들이 아프리카에서 실제적인 도움 외에 영적인 도움을 제공할 때 성과는 배가된다. 구호 프로그램을 진행하는 사람들은 이 사실을 잘 알고 있다. 그리고 기독교 후원자들에게 이 사실은 특별히 자극이 된다.

지속적으로 월드비전의 후원을 받아 온 요셉은 그동안 거의 청년으로 성장했다. 열여섯 정도 되어 보이는 그는 공부를 꽤 열심히 하는 것 같다. 그의 창가에는 하트가 그려진 작은 시계가 놓여 있다. 성적이 좋아서 학교에서 상으로 받은 것이다. 그밖에도 그는 상당히 녹이 슨 전기다리미를 가지고 있다. 플러그는 없고 전선만 달린 것이다. 전선도 쥐들이 갉아먹은 듯하다. 하지만 요셉은 개의치 않는다. 그는 이 다리미로 교복을 다린다. 단정하게 보이고 싶기 때문이다. 요셉의 후원자는 독일 사람이다.

요셉은 도시 근교의 한 창고에서 지낸다. 부모님과 여동생 둘은 그곳에서 70킬로미터 정도 떨어진 시골 마을에 산다. 요셉은 6개월에 한 번 집에 간다. 그는 자기가 집에 갔을 때 가족 중 아무도 말라리아에 걸려 있지 않기를 바란다. 말라리아는 재회의 기쁨을 감소시키니까 말이다. 말라리아는 흔하게 걸리는 병이다. 요셉도 어렸을 때부터 말라리아에 걸리곤 했다. NGO들은 새롭게 모기장을 배급하고 있다. 그로써 약간 나아질 것이다.

열이 있을 때마다 요셉은 일주일 동안 창고에 누워 있다. 그리고 아스피린이나 클로로퀸을 복용한다. 다행히 약값은 싸다. 약국에 알약이 없을 때도 있지만 말이다. 말라리아가 엄습하면 요셉은 아주 약해진다. 그러면 친구들이 그에게 약을 사다 준다. 이어 말라리아가 친구들에게 찾아오면 요셉은 친구들을 위해 약을 마련한다. 아프리카 중부의 그 유명한 '말라리아 벨트' 지역에 사는 대부분의 사람들은 어려서부터 말라리아에 감염된다. 오늘날까지 여러 지방에서 말라리아 사망자는 에이즈 사망자를 웃돌고 있다. 다만 에이즈가 더 주목을 받을 뿐이다.

요셉은 독일 사람을 좋아한다. 그에게 교복과 수업 후 식사가 제공되는 '기숙 학교(Boarding school)'의 학비를 지불해 주었으니 말이다. 요셉의 소원은 대학에 다니는 것이다. 요셉은 누군가 도와 주기를 바라고 있다. 그는 상당히 낡은 책을 자랑스레 보여 준다. 현재 읽고 있는 책인지, 나중에 읽으려고 보관 중인 책인지 알 수는 없으나 한스 바이어라는 사람이 쓴 영어로 된 유기화학 책으로 독일 출판사에서 발행된 것이다. 문구를 보니 십수 년 전에 '동독'의 교육부가 선물한 책으로 되어 있다. 요셉은 나를 보고 "당신네 나라 사람인가요?(Your people?)"라고 묻는다.

구호 단체의 효율성은 다양하게 드러난다. 케냐의 수도 나이로비에 있는 월드비전 중앙 아프리카 지부의 커뮤니케이션 담당자 사무실. 그의 방에는 인터넷이 연결된 세 대의 컴퓨터, 여러 대의 전화, 초단파 수신

소금은 비싸다. 특히 소금이 나지 않는 곳에서는 캐비어보다 비싸다.

기, 타자기가 있고 서류와 파일이 더미째 쌓여 있다. 그렇다면 그는 몇 명의 비서를 두고 있을까? 놀랍게도 비서는 한 명도 없다. 그는 혼자서 모든 일을 처리한다. 아프리카 사람들의 눈에 그는 거의 마술사 같다.

나이로비에서 월드비전은 스스로의 보안을 책임져야 한다. 지역 경찰은 범죄 사건을 해결할 능력이 없다. 나는 나이로비의 월드비전 사무실 근처에서 활을 들고 경비를 서고 있는 경비원들을 발견하고는 의아해했다. 총이 아닌 활을 들고 서는 경비가 왠지 시대에 뒤처진 느낌이 들었기 때문이다. 이유를 물어 보니 궁수를 쓰는 것이 비용이 저렴할 뿐더러 효과도 만점이라고 했다. 활을 든 경비원들은 전직 경찰들로 아무리 어둡고 거리가 멀어도 명중시키는 데 문제가 없기로 소문난 사람들이란다.

밀림에 소재한 월드비전 사무실은 업무 보조를 하는 현지 직원들에게 자전거를 제공해 준다. 자전거를 이용하여 먼 거리에 있는 가정도 방문할 수 있도록 말이다. 직원들은 자전거를 애지중지한다. 자기 것도 아닌데 자전거를 소중히 다루도록 하는 비결은 무엇일까? 그것은 3년 동안은 월드비전과의 계약하에 자전거를 임대 형식으로 사용하도록 하고 그 후에는 자기 소유로 할 수 있도록 했기 때문이다.

소도시—물론 도시라고 부르기는 좀 뭣하지만—에 소재한 월드비전 사무실은 아프리카 사업의 중추적 역할을 한다. 그곳에서 어렵사리 경리실을 구경하게 된 나는 몹시 놀랐다. 밀림이나 초원에서만 지내던 사람이 경리실을 본다면 너무나 다른 세계의 희한한 풍경에 눈을 의심할 지경이다. 누가 감사라도 다녀간 것처럼 책장에는 몇 십 개의 파일들이 가지런히 배열되어 있고, 장부에는 수입과 지출이 정확히 기재됨은 물론 영수증도 일일이 첨부되어 있다.

수단과 경계를 이루는 우간다 북쪽 지역에서 월드비전은 어쩌면 가장 중요하다고 할 수 있을 프로젝트—나의 주관적인 판단으로—를 거의 마무리한 상태다. 이 프로젝트는 미국과 유럽에서 주목을 받을 만한 것으로 월드비전 독일 지부도 이 일에 참여하였다. 바로 반란군에게 끌려갔던 어린 소년과 소녀들을 돌보는 일이다. 지난 몇 년간 이 프로젝트와 관련하여 6,000명의 아이들이 도움을 받았다. 모두 무장 반란군에게 끌려가 병역을 강요받았던 어린 소년들과 자질구레한 일에 부림당했던 소녀들이다. 이 아이들은 중간에 탈출하기도 했고 아니면 몇 년 후 집으로 돌려보내지기도 했다. 그러나 이들이 다시 가족들과의 정상적인 생활에 적응하기는 매우 힘들다.

열네 살인 멜리사는 열한 살 때 반란군에게 끌려가 종종 성폭행을 당했으며 반란군 지도자의 식모 겸 성적 노리갯감으로 지내다가 아기를 데리고 그곳을 탈출하였다.

현재 월드비전의 간사가 멜리사가 과거의 끔찍한 악몽을 떨쳐낼 수 있도록 돕고 있다. 나와 이야기하는 동안 멜리사는 연방 누군가 우리의 대화를 듣는 건 아닌지 무서워하고 있었다. 구호 단체는 이제 멜리사의 부모님을 찾고 있다. 아직도 총격 사건이 잦다. 그러나 정부에서는 곧 평화가 올 것이라고 주장하고 있다.

하느님을 신뢰하고 눈을 들어 하늘을 보는 것이 하나요, 그 가운데 과도하지 않은 적절한 목표를 세우는 것이 또 하나다. 월드비전은 에이즈 문제에서 '에이즈 희망 사업(HIV/AIDS Hope Initiative)'이라는 막 시작된 적극적인 활동으로 이 일을 성공적으로 이루어 내고 있는 듯하다. 활동의 세 가지 기본 방향은 예방하고 돕고 구제책을 마련하는 것이다.

월드비전 직원들은 월드비전이 활동하는 아프리카 각국의 상황에 맞는 최선의 활동을 펼치고 있다.

물론 월드비전은 직접적인 선교 활동을 하지 않는다. 대신에 에이즈 희망 사업과 관련하여 월드비전 본부에서는 성경 보내기 운동을 펼치고 있다. 월드비전 미국 지부가 세계 최대의 성경 출판사인 존더반(Zondervan)과 국제성경협회와 손잡고 펼치는 이 운동은 일정 기간 동안 존더반 성경을 구입하는 사람들에게 외국으로 보낼 수 있는 무료 성경을 얹어 주는 것이다. 아홉 개 언어로 된 이 무료 성경은 월드비전을 통해 발송된다. 이 운동은 100만 권까지 진행될 것이다.

왜 월드비전이 전에는 제한적으로 에이즈 환자를 돕는 데에만 몰두하다가 새로이 에이즈 희망 사업이라는 이름하에 좀 더 광범위한 운동을 전개하게 된 걸까? 월드비전만이 아니다. 다른 구호 단체들도 이 일에 속속 가담하고 있다. 대답은 간단치 않다. 우선 구호 단체들은 끊임없이 그들의 활동을 해당 나라의 상황에 따라 수정하기 때문이다.

대부분의 아프리카 정부들은 처음에는 그동안 에이즈가 어떤 의미를 갖게 되었는지 직시하지 않으려 했다. 또한 구호 단체의 각 지부도 아프리카의 에이즈에 대한 의미를 바로 평가하자는 제안이 없었다. 하지만 이보다 더 중요한 것은 에이즈가 창궐하여 심각한 결과가 빚어지면서 구호 단체는 그들이 대처하기에 힘겨운 새로운 문제에 당면하게 되었던 것 같다. 아프리카에서 에이즈가 야기한 믿어지지 않는 현실 앞에서 단순히 에이즈 환자 한 사람 한 사람을 돕는 것만으로는 문제를 해결할 수 없다는 것을 실감한 것이다. 모두에게는 조율할 시간이 필요했다.

원래부터 활동의 중심이 곤궁에 처한 아이들을 돕는 데 있었던 월드비전은 이미 10년 전부터 우간다에서 양부모가 에이즈로 사망한 아이들을 위한 구호 프로그램을 시작했다. 하지만 대대적인 반에이즈 캠페인을 벌이기까지는 몇 년이 더 소요되었다. 빠른 시일 내에 백신이 개발되거나 에이즈를 치료할 수 있는 값싼 약이 나올지도 모른다고 생각했었기 때문이기도 하고 많은 사람의 의견을 수렴해야 하는 세계적인 구호 단체에서 공통된 새로운 전략이 나오려면 시간이 제법 오래 걸리기도 하기 때문이었다.

월드비전은 아프리카의 많은 가톨릭 주교들이 콘돔에 대해 경직된 태도를 취하고 있기 때문에 이들과 갈등을 빚지 않도록 조심한다. 그래서 에이즈 캠페인에서도 ABc를 도입하였다. A는 'abstain', 즉 금욕을 뜻하고 B는 'be faithful', 즉 배우자에 대한 정절을 지키는 것을 의미하며, 비중이 작다는 것을 의미하기 위해 보통 소문자로 씌어지는 c는 'condom'을 의미한다.

소문자 c는 구호 단체가 콘돔을 에이즈를 방지하는 마지막 수단으로 보고 있음을 나타낸다. 바르셀로나 에이즈 회의에서 월드비전측은 국제 에이즈 프로그램 신임의장 켄 캐시의 연설을 통해 에이즈 예방에 있어 월드비전이 기독교를 기반으로 한 초교파적 조직으로서 콘돔이라는 까다로운 주제에 어떻게 임하고 있는지를 해명하였다.

켄 캐시는 바르셀로나에서 먼저 자신이 월드비전의 공식 대변자가 아님을 표명한 후 이렇게 말했다.

"우리는 에이즈가 널리 퍼져 있는 곳에서 콘돔으로 사람의 생명을 구할 수 있다면 콘돔의 올바른 사용을 장려할 필요가 있다는 것을 인정합니다."

그리고는 또 이렇게 말했다.

"그렇다고 콘돔을 사용하는 것이 금욕과 도덕적으로 동등하다는 이야기는 아닙니다. 그러나 기독교인들은 생명의 거룩함을 믿습니다. 이 생명은 무방비적인 섹스로 인한 물리적인 폐해가 줄어들 때 유지될 수 있습니다. 우리는 아주 힘든 상황에서는 태도를 변화시킬 필요가 있다고 생각합니다."

이런 콘돔에 대한 제한적 허용은 기독교계와의 충돌 없이도 유엔과 산하 국제 조직들을 만족시키기에 충분했다.

바르셀로나 회의에서는 파란 콘돔이 배급되었다. 베네통의 개그 섞인 광고의 차원에서 말이다. 유엔이 바르셀로나 회의 때 아프리카 학생들로 구성된 춤극 팀을 초청했더라면 인기 만점이었을 것이다. 아프리카에는 월드비전과 같은 구호 단체들의 재정 지원을 받아 독창적으로 그들의 동급생들에게 에이즈를 느끼도록 하고 성생활의 문란이 가져오는 결과들에 대해 경고하는 춤극 팀이 있다. 그런 춤극 팀이 바르셀로나에 왔었다면 히트를 쳤을 것이다. 그러나 콘돔 광고는 1만 5,000명의 에이즈 전문가들의 입가에 희미한 미소만을 자아내었을 따름이다. 콘돔이란 주제는 이미 해결된 것이었기에 이제 에이즈를 퇴치하는 데 콘돔을 투입할 것인가 말 것인가가 문제가 아니라, 얼마나 많은 양의 콘돔을 언제 어디로 배급할 것이며 누가 그 비용을 댈 것인지 하는 문제만이 남아 있다.

에이즈 계몽을 위한 춤극은 아프리카에서 매우 호평을 받고 있다. 준비와 공연에 비교적 비용이 들지 않으면서도 재미있기 때문이다. 학생들 외에 성인들과 대학생들도 춤극에 참가한다. 춤극 팀은 자신들을 드라마 그룹이라 칭한다. 에이즈 춤은 보통 더불어 행복하게 지내는 한 부부의 모습을 보여 주는 것으로 막을 연다. 이들의 결혼식이 묘사되어 관객들은 이 둘이 부부라는 걸 알게 된다. 이 부부는 자녀들도 갖게 된다. 선생님은 전교생 모두에게 춤극을 관람시킨다. 저학년 아이들의 경우 잘 이해하지 못하지만 그래도 에이즈라는 말을 한 번은 듣게 되는 셈이니까 말이다. 무대는 학교 마당이나 초원, 울창한 나무 그늘이다.

도시에서는 아이들의 춤극 팀이 활약을 거듭하며 학교를 순회 공연하고 있다. 하지만 시골에서는 순회 공연이 쉽지 않다. 학교 간의 거리가 너무 멀기 때문이다. 춤극은 어른들에게도 특별한 구경거리가 된다.

춤극에는 대부분 노래가 곁들여진다. 노래할 아이들은 맨발로 무대 옆에 늘어선다. 사실 노래라기엔 좀 뭣하고 환호성, 울음, 웃음, 신음, 외침, 떨리는 소리 등으로 줄거리가 요구하는 감정을 북돋우는 것이다. 여기에 북이 동반되면 아주 인기 만점이다. 하지만 북치는 사람을 데려오려면 돈이 든다.

춤극의 주인공은 에이즈 마귀이다. 시골 공연을 할 때 에이즈 마귀는 재로 얼굴을 검게 칠한다. 도시에서는 얼굴에 검정 비닐을 쓰고 나온다. 에이즈 마귀의 복장으로 가장 선호되는 것은 기술자들이 입는 노란 멜빵바지다. 그게 아니면 어두운 색의 긴 외투도 애용된다. 아이들에게 무서운 느낌을 불러일으킬 수 있기 때문이다. 옷은 표현하고자 하는 인물의 성격과 배치되지만 않으면 된다. 가령 자연치료사는 우스운 모습으로 등장하면 안 된다. 존경받는 진지한 인물이기 때문이다. 에이즈 춤극에서 의사가 등장하는 경우는 아주아주 드물다.

줄거리는 팬터마임으로도 무리 없이 이해될 수 있을 정도로 간단하다. 부부는 행복하고 즐겁게 지낸다. 그러다가 다른 여자들이 나타나고

학교 마당에서 열린 에이즈 춤극. 아이들은 이런 장면을 통해 에이즈 바이러스가 얼마나 위험한 것인지를 알게 된다.

남편은 그 여자들과 시시덕거리기 시작한다. 그때 마귀가 나타나 남편과 여자 친구들 주위를 빙빙 돈다. 그리고 남편과 아내와 여자 친구 한 명을 차례로 덮친다. 모두는 병이 들어 몸을 뒤튼다. 그때 자연치료사가 뿌리를 들고 나타나 아픔을 조금 덜어 준다. 그러나 그것은 궁극적인 도움이 되지 않고 마귀는 기고만장해 한다. 병자들은 누워 있다. 때로 그들 옆에 웅크리고 앉아 우는 아이들이 등장한다.

그러나 아이들의 우는 모습이 묘사되지 않아도 괜찮다. 그런 장면이 없어도 에이즈로 인해 부모님이 죽으면 얼마나 난감할지 모두 예감할 수 있으니까. 에이즈 고아들을 위한 고아원 설립은 요원하다. 정부도 민간 구호 단체도 생각이 없으니 말이다. 한편으로는 자금을 지원할 수 없기 때문이며, 한편으로는 그것이 친척이 양육의 우선권을 갖는 아프리카의

목가적이고도 비극적인 풍경. 사진 속의 꼬마는 에이즈로 부모를 잃었다. 사하라 이남 아프리카 국가들은 외부의 도움 없이는 수백만의 고아들을 돌볼 능력이 없다.

전통에 위배되기 때문이다.

　에이즈 고아들로 인해 새로 탄생되는 특이한 대가족들을 위해 월드비전은 유엔의 다른 구호 단체와 손잡고 적절한 구호 프로그램을 전개하고 있다. 이런 도움의 손길이 없이는 수백만의 고아가 거리로 내몰리게 될 것이다. 정치가들은 그에 대해 별로 할 수 있는 일이 없다.

에이즈 리본
누구나 만들 수 있고, 꽂고 다닐 수 있는 휘장

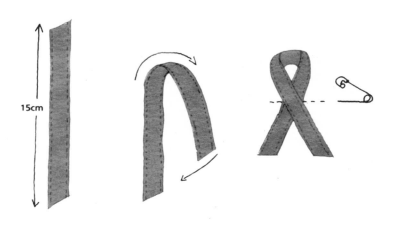

천부적인 아이디어를 가지고 있는 것은 패션 디자이너뿐이 아니다. 천부적인 아이디어는 때로 천부적으로 간단하다. 10년 전, 아무도 에이즈가 치명적인 공포의 대상으로 떠오를 줄 짐작 못했고, 오랫동안 에이즈 캠페인을 위한 상징 같은 건 존재하지 않았다.

1992년 4월경 뉴욕 자선협회에서 에이즈에 대해 토론하는 소모임이 탄생되었다. 그 중 누가 먼저 빨간 리본을 달고 나타났는지 모른다. 하여튼 반에이즈 캠페인을 상징하는 빨간 리본은 그 모임에서 잉태되었다.

규격은 정해져 있지 않다. 길이 15센티미터 정도에 폭은 과히 넓지 않은 빨간 끈을 사선으로 교차시켜 옷핀을 꽂으면 끝난다. 수많은 저명인사들이 공식석상에 이 에이즈 리본을 달고 나간다.

이 에이즈 리본은 오래전부터 각종 인쇄물에서 세계적인 반에이즈 캠페인의 상징으로 등장하고 있다. 에이즈가 아직 끝나지 않았음을 일깨우면서, 모두 에이즈에 대해 무엇인가 보탬이 될 것을 촉구하면서…….

역자 후기

1980년대 중반 신종 전염병인 에이즈의 발견을 두고 세상이 시끌시끌했던 기억이 난다. 당시 에이즈는 동성연애자들에게 신이 내린 형벌쯤으로 여겨지는 분위기였다. 그후 난 에이즈를 주제로 한 영화를 한 편쯤 보고 수혈이나 모유 수유로 인한 감염 등 에이즈로 인한 무고한 희생에 대한 뉴스를 간혹 듣기는 했지만 에이즈에 그다지 관심을 가지지 못했다. 에이즈를 예방하기 위해 콘돔이 중요하다는 것과 아프리카에 에이즈 환자가 많다더라 하는 정도만 알고 있었을 뿐 우리와는 별 상관이 없는 남의 일 정도로 여겼다. 그랬기에 나는 이 책에 등장하는 생생한 보고들 앞에서 할 말을 잃었다.

"우키뮈, 우키뮈(에이즈)……"라고 절규하며 바나나 나무 숲, 에이즈로 인해 숨진 열한 자녀의 무덤 앞에서 고아가 되어 버린 손주들에 둘러싸여 넋 나간 듯 앉아 있는 아프리카 할머니. 너나 할 것 없이 에이즈에 감염된 일가족. 에이즈로 인해 죽어가는 딸을 속수무책으로 바라볼 수밖에 없는 어머니. 에이즈로 인해 부모를 잃고 이어 형과 누나마저 잃을 위기에 처한 고아들. 인생을 알기도 전에 에이즈에 걸려 스러져 가야 하는 사춘기 소녀들.

이 책에 실린 생생한 사진들 그리고 그 사진 속의 눈빛들은 줄곧 나를 따라다녔고 나는 그 눈빛들 때문에 가슴이 저렸다.

이 책을 우리말로 옮기는 동안 월드비전 한국 지부 홈페이지에서는 에이즈와 관련한 다음과 같은 설문 조사가 한창 진행되고 있었다.

인류가 당면한 가장 심각한 문제라고 생각되는 것은?
1. 환경 파괴 2. 에이즈 3. 기근 4. 전쟁 5. 신종 바이러스(사스 등)

역자 후기를 쓰려고 책상에 앉았을 때 갑자기 그 설문 조사가 떠올랐고 결과가 궁금했다. 월드비전에 문의해 보니 총 9,359명이 설문에 응답을 했는데 그 중 환경 파괴라고 답한 사람이 3,598명으로 38.4%, 전쟁이라고 답한 사람이 3,470명으로 37.1%, 에이즈라고 답한 사람이 1,028명으로 11%, 기근이라고 답한 사람이 863명으로 9.2%, 신종 바이러스(사스 등)라고 답한 사람이 400명으로 4.3%의 순이라며 에이즈에 대한 응답이 생각보다 적었다고 말해 주었다.

나 역시 이 책을 통해 에이즈에 대한 관심을 새롭게 가지지 못했다면 환경 파괴나 전쟁에 표를 던졌을지도 모른다는 생각이 들었다. 그러나 에이즈는 전쟁 못지않은 소리 없는 전쟁이며, 환경 파괴 못지않게 한 대륙을 송두리째 파괴하고 있다.

이 책에 의하면 현재 어림잡아 4,200만 명이 HIV에 감염된 상태고, 그 수는 매일 1만 4,000명씩 증가하고 있으며 전염률은 계속 상승하고 있다. 또 1,300만에 이르는 에이즈 고아가 생겨났으며 사하라 이남 아프리카의 에이즈 감염자만 3,000만 명에 달한다. 이 정도 되면 에이즈는 정말이 책의 표현대로 '고삐 풀린 망아지'다.

다큐멘터리 형식으로 흥미롭게 쓰인 이 책에서 정치 기자 하인츠 메틀리츠키와 사진 기자 우어줄라 마이스너는 에이즈가 사하라 이남 아프리카에서 어떤 일을 벌이고 있는지, 왜 에이즈가 아프리카에서 그렇게 창궐하게 되었는지, 에이즈란 과연 무엇인지, 에이즈로 인해 사람들이 어떻게 고통당하고 있는지를 생생한 사진과 보고를 통해 적나라하게 보여주면서 에이즈의 심각성을 일깨워 준다. 매춘으로 먹고 살 수밖에 없는 수많은 아프리카 여성들, 조심성 없는 아프리카 남자들, 단번에 바꿀 수 없는 뿌리 깊은 성문화, 낙후된 의료 시설 등에 대한 설명도 상세하다.

물론 아프리카가 가장 심각하다. 그러나 에이즈는 벌써 아시아와 동유럽 국가들과 미국에도 마수의 손길을 뻗치고 있다. 백신에 대한 꿈은 아직 요원하고 여러 복합적인 문제들이 얽혀 있다.

그럼에도 불구하고 아프리카에서 월드비전을 비롯한 NGO가 펼치고 있는 성공적인 활동은 우리로 하여금 희망을 보게 해 준다. 그리고 에이즈라는 가공할 적에 대한 우리의 무기력함 앞에 우리 개개인이 나아가야 할 바를 보여 준다.

이 책이 우리나라에서 에이즈에 대한 관심을 좀 더 일깨우고 우리 각자의 작지만 구체적인 도움을 이끌어내는 작은 계기가 되었으면 하는 바람이다.

유영미

죽음의 춤

첫판 1쇄 인쇄 2004년 11월 24일
첫판 1쇄 발행 2004년 12월 1일

지은이 우어줄라 마이스너 · 하인츠 메틀리츠키
옮긴이 유영미
펴낸이 장세우

편집장 김분하
편 집 정미정, 장영호
디자인 황진희

펴낸곳 (주)대원사
주 소 140-901 서울시 용산구 후암동 358-17
전 화 (02)757-6717(대)
팩시밀리 (02)775-8043
등록번호 등록 제3-191호
홈페이지 www.daewonsa.co.kr

값 10,000원

ISBN 89-369-0990-8 03380